KB069533

"오늘의 내가 이런 건 과거의 어떤 기억 때문이야"

Gegenwart, was ist das?

<심리치료 스케치>

과거로 지어진 현재

안네리제 우데-페스텔 저 | 오현숙 역

학지사

'현재란 무엇인가?'

이 책은 우리에게 묻는다.
누구나 그 답을 알고 있다고 생각할 수 있지만
명심해야 한다.

이 질문은 보다 근원적인 대답을 찾고 있기 때문이다.
이 책의 저자는 정답을 보여 주지 않는다.
대신, 느리게 기록된 이야기 안에는 분명한 답이 숨겨져 있다.

프롤로그

'현재란 무엇인가?'

수많은 철학자는 이 질문에 밤을 새웠고, 아인슈타인(Einstein)
이나 하이젠베르크(Heisenberg), 플랑크(Planck)의 물리학이라
면 답을 할 수도 있습니다. 혹은 신경심리학의 새로운 뇌 연구
로도 설명할 수 있을 겁니다. 하지만 다 상관없습니다. 이 질문
으로 분명해지는 건 우리 모두 그다음 질문을 피할 수 없다는
겁니다.

'시간이란 무엇인가?'

우리는 고민에 빠집니다. 시간이라는 것—과거와 현재—그
'현실'이라는 것이 도대체 존재하고 있는지 말입니다. 이 작은

책에는 그동안 시간이 닳도록, 헛되이(?) 시도되었던 작업, 즉 이 질문에 최종 답변을 내놓는 시도는 담고 있지 않습니다.

하지만 다행스럽게도 우리가 '심리치료 스케치'라 부르는 이 책의 이야기에는 일반적인 의미의 '현재'가 아닌 훨씬 더 중요한 가치의 '현재'를 담고 있습니다. 바로 우리 자신의—우리에 의한 그리고 우리 안에서 체험된—'현재'에 대한 이야기입니다.

그 흔한 '바로 여기, 바로 지금'의 이야기가 아닙니다. 오늘날 그토록 자기계발에서 자주 맹세하는 오직 '순간에 집중하는 것'을 넘어, 놀랄 만큼 다양한 방법으로 우리의 현재를 분석할 수 있도록 보여 주려는 것입니다.

단번에 분명해지는 것은 처음 제기한 질문에는 사람 수만큼 수많은 해답이 있다는 겁니다. 하지만 우리는 여러분을 그렇게 절망에 처하도록 남겨두지 않겠습니다. 비결을 하나 드리겠습니다. 각자 자신을 위해 질문을 던져보세요. 물어보십시오.

"내가 현재에 있는가?"

익숙하지 않은 이상한 질문입니다. 여러분 스스로 곰곰이 생각하길 바라는 마음에서 질문을 드렸습니다. 아마 여러분은 앞으로 펼쳐질 네 가지의 이야기를 읽으며 많은 것을 깨닫게 될 것이 분명합니다.

그리고 자신의 내면의 소리를 들으며 알아차릴 겁니다.

우리의 현재가 우리의 과거, 어쩌면 가장 먼 과거의 메아리라는 걸 말입니다.

차례

1

오늘은
오늘입니다

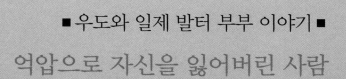

■우도와 일제 발터 부부 이야기■

억압으로 자신을 잃어버린 사람

변호사 한 분이 전화로 어느 부부와 상담 좀 해 달라고 요청했다. 나는 그에게 내가 아동심리치료자임을 밝혔다. 그러자 그가 아주 들뜬 목소리로 대답했다.

"네, 네, 정말 제대로 연락했네요. 애들이 걱정이에요. 아이들이 부모가 무엇을 원하는지 알지 못해요. 오늘은 이혼하자고 하고, 내일은 다시 아니고……. 그렇게 긴 시간이 흘렀고 나까지도 이래 달라 저래 달라, 왔다 갔다 이제 더 이상 견딜 수가 없어요. 그러니까 제발 좀 도와주세요. 그 부부와 한번 얘기 좀 해 보세요."

나는 승낙했다. "그럼 좋아요." 변호사가 이름과 주소를 내게 알려 준다.

남편 우도와 아내 일제 발터 부부는 약속된 시간에 정확하게 나타난다. 형식적인 인사 후에 우리는 마주 앉는다. 그리고 발터 부인이 대화를 시작한다. 그녀는 먼저 남편의 긍정적인 면을 이야기했다. 남편은 생계를 아주 잘 보살펴 왔고, 경제적 걱정거리도 전혀 없다고. 그래서 물론 그녀는 남편을 사랑한다고. 그리고 잠깐 멈춘 듯했지만 아예 말이 중단된 채 망설이는 시선이 남편에게 가 멎는다. 그러나 남편은 침묵 속에 잠겨 있다.

"자, 이제 말 좀 해 봐." 결국 아내가 재촉했다. 그리고 허리를 똑바로 세운다. 그러자 그가 아주 조심스럽게 말을 꺼냈다.

"그래, 알았어." 안심을 시키려는 듯 왼손을 들어 올리며 내 눈을 바라본다.

"근데, 전문가인 분에게도 설명할 수 없어요. 그게 저를 덮치는 일이라서. 특히, 제가 혼자일 때. 그럼 난 갑자기 혈기에 내몰리게 됩니다. 그러니까 이걸 뭐라고 해야 할까요?"

아내가 그의 말을 끊었다. "똑바로 말해요. 매춘부들을 쫓아 뛰쳐나간다고."

"그래, 그래." 그가 결심한 듯 말한다. "그게 그렇게 일어나요. 그것이 우리의……. 아니야, 당연히 내 문제지. 그런데 설명할 수가 없어요, 내가 왜 그런지."

그가 아내를 바라본다. "정말 이상하죠. 그쪽으로만 자꾸 미친 듯 달려 나가다니."

이제 왔다 갔다 책임공방이 시작된다. 남편은 예를 들어가며 얼마나 자주 아내가 자신을 혼자 있게 하는지 불평한다. "당신이 노래 부르러 다니기 때문에 말이지."

아내 또한 남편이 단 한 번도 이 작은 기쁨을 기꺼이 누리도록 배려하지 않는다고 반격한다. 그러나 '이 모든 건 당연히 아무 쓸모가 없다.'

그래서 내가 우도 발터 씨에게 개별 상담을 제안했고, 둘 다 승낙했다.

우도 발터 씨의 개인상담이 시작됐다. 잘생긴 외모에 키가 큰 40대 중반의 남자로, 개성 있는 옷차림이지만 야단스럽지 않다. 아내의 말대로 사랑받을 만한 매력을 지니고 있다.

우도 발터 씨가 대화를 시작한다.

"내 아동기는 물어보실 필요 없으십니다. 모든 것이 아주 좋았으니까요."

"기쁘군요." 내가 말한다. "그럼 좋은 과거 중 기억하고 있는 것을 한번 얘기해 주시겠습니까?"

우도 발터 씨는 뒤로 몸을 기댄다. 그리고 머리를 오른쪽으로 기울인다. 한동안 침묵하다가 입을 연다.

"음, 왜 사람들이 과거를 기억해야 하죠? 오늘은 오늘입니다."

"그렇군요." 내가 대답하고 잠깐 침묵한다. "그래도요, 발터 씨!" 내가 버틴다.

"당신이 간직하고 있는 좋은 기억 중 뭔가를 제게 들려주시겠어요?"

"네, 네." 그가 대답한다. 얼굴표정은 몹시 괴로운 듯하다. 그러다 곧, 섬광이 그의 얼굴을 스쳤다.

"그래요. 지금 제게 뭔가가 떠올랐어요. 제가 아주 어렸을 때, 한번은 너무 추워서 완전히 꽁꽁 얼었었는데, 그때 엄마가 뜨거운 우유를 만들어 줬어요."

"정말 좋았겠군요." 내가 말한다. 그리고 그의 어린 시절에 대해 좀 더 많고 좋은 이야기를 듣고 싶다는 신호로 침묵을 사용했다. 그러나 우도 발터 씨는 더 이상 아무것도 기억해 내지 않는다. 누구도 말하지 않는다.

심리치료의 갈증 구간이다. 잘 지탱되어야만 한다. 결국 내가 다시 한번 피드백을 준다.

"꽁꽁 언 작은 아이에게 뜨거운 우유를 만들어 준 엄마가 정말 좋았겠어요."

그러나 발터 씨는 반응하지 않는다. 그런데도 불구하고 나는 느낄 수 있다. 그가 계속해서 몹시 괴롭게 애를 쓰면서 어릴 적 좋은 기억의 흔적들을 뒤지고 있다는 걸 알 수 있다.

그러나 아무것도 나오지 않는다. 불안해져서 그는 일어선다. 그러나 곧바로 다시 앉는다. "도대체 내 기억이 어떻게 된 걸까요? 아무것도 기억할 수 없군요!"

이제 그는 완전히 자기 안으로 가라앉았다. 그리고 다시 그 안에서 터져 나오는 것이 있다.

"기억할 수가 없네요, 아무것도. 전혀 기억할 수 없어요!"

이 끔찍한 상태에 나는 그를 한동안 내버려 둔다. 그러나 물론 계속 반복되는 "하나도 기억나지 않아요."라는 소리에 내가 말한다.

"어쩌면, 발터 씨, 거기 아무것도 없는 게 아닐까요?"

그때 그가 폭발한다.

"있어요, 있습니다. 지금 내가 아무것도 없었던 것을 기억하고 있어요. 공허에 대해서, 위로 없는 공허, 절망적인 버려짐.

아무것도, 아무것도 거기 없었어요. 나는 항상 혼자였죠. 완전히 혼자. 아버지와 어머니는 늘 없었어요. 친구도 없었고, 동물도 한 마리 없었어요. 아무것도, 그 무엇도 거기 없었어요."

그의 머리는 이제 자기 안으로 들어가기라도 할 듯 아래로 떨어졌다. 다음 순간 머리를 든다. 놀란 얼굴이다.

"그런데 지금, 선생님, 뭔가 떠오르는 것 같습니다." 머리를 흔든다.

"잔인해요, 선생님! 잔인합니다. 생각해 보세요. 내가 아주 어렸을 때 동물 한 마리를 괴롭혔어요. 제가 쥐 한 마리를 잡았죠. 그리고 그것을 뜨거운 요리용 철판 위에서 달리게 했어요!" 그가 나를 바라본다. 눈이 젖어 있다.

"내가 어떻게 그럴 수가 있었을까요? 어떻게, 어떻게 내가 그렇게 할 수 있었을까요?"

다시 끝없는 침묵이 이어진다. 그런 다음 마치 자기 자신에게 향한 듯 낮은 목소리로 말한다.

"이 공허한 감정, 완벽한 버려짐. 지금 죽을 것 같아요. 나는 항상 마비된 것 같았어요. 도망갈 수 없었지요. 어디로든, 어디에 가든 거기에도 아무것도 없었어요. 그 어떤 것도." 얼굴을 양손 안에 파묻고 낮은 목소리로 계속한다.

"그리고 제가 우연히 그 쥐를 잡았을 때, 갑자기 절망에서 분노가 일어났어요. 그리고 그런 다음…… 그래요, 그리고 그 무시무시한 일이 일어났죠."

그는 벌떡 일어난다. 그리고 창가로 가서 오랫동안 먼 곳을 바라본다.

나 또한 아무것도 말하지 않는다. 말할 필요 또한 느끼지 않는다. 그가 결국 말을 뱉음으로써 그 안의 단단한 껍질이 부서져 버렸다.

"쥐, 매춘……." 더는 말하지 않는다. 그리고 잠시 쉬었다 말을 잇는다.

"그 두 가지가 이 공허함의 수렁에서 나를 끌어내 준 낚싯바늘일 거예요."

절망에 빠진 그의 몸은 소파 위로 떨어지고, 양손에 얼굴을 파묻는다.

"하느님 맙소사, 하느님 맙소사, 과거가 아직 나를 사납게 움켜쥐고 있구나."

나를 바라본다.

"선생님, 내가 어떻게 거기서 해방될 수 있죠? 어, 어떻게요?"

괴로움에 찬 소리가 터져 나온다.

"당신은 지금 맞는 길에 와 있어요, 발터 씨." 믿기지 않는 듯 나를 쳐다본다.

"내가 맞는 길에 와 있다고요? 왜 그렇죠……?"

"'너 자신을 알라'는 단지 재기억을 넘어서 그 이상의, 과거 외상의 감정을 재체험하는 것이지요. 그리고 그것을 지금 바로 발터 씨가 한 겁니다. 힘들게 얼어 버린, 오랫동안 무의식의 어둠 속에서 행패를 부릴 수 있었던 외상을 다시 의식으로 끌어 올렸어요. 이제 과제가 생겼어요. 볼 수도 없고 들을 수도 없으며 냄새 맡을 수도 없고 또한 맛을 느낄 수도 없는데, 그 때문에 끝도 없이 괴롭던 것, 그것을 다시 의식으로 끌어 올리는 겁니다. 특히 재경험과 깊은 울음을 통해서 말이죠."

우도 발터 씨의 눈에 피로감과 무력감이 보인다. 독백하듯 작은 소리로 말한다. "제가 볼 수 없고, 들을 수 없고, 냄새 맡을 수 없는 어떤 것이 있다고요?"

"그런데……." 내가 덧붙인다. "발터 씨도 매우 강하게 느낄 수 있는 것이죠. 그것은 곧 존재하기도 하고 존재하지 않기도 하는 그런 것이죠." 좀 더 생생하고 간단하며 어울리는 예를 찾아본다.

"상상해 보세요, 발터 씨. 당신이 어두운 골목을 혼자서 가고 있습니다. 손에는 괜찮은 손전등 하나를 들고 있고요. 그때 갑자기 사자의 으르렁거리는 소리를 듣습니다. 맙소사, 불안해지죠. 그러나 환하게 탐색하는 손전등 광선이 구석에 앉아 있는 사자를 비추었을 때, 손전등의 불빛을 통해 당신은 사실 하나를 알게 됩니다. 사자는 단지 모사품 더미일 뿐이었다는 것을."

"모사품 더미일 뿐이었다?" 우도 발터 씨는 조용히 그 자신에게 되물었다.

"그러니까 환영, 즉 공상이라고요?"

그가 질문하듯이 나를 바라본다. "그걸 말하는 건가요? 그게 그렇습니까……?"

"그럴 수도 있습니다. 발터 씨! 그러나 또한 그렇지 않습니다. 그것은 실제이고 또 실제가 아닙니다. 동전이 양면을 가지고 있듯이 그리고 모든 면이 그것의 당위성을 갖고 있는 것과 같습니다. 그것은 당신이 말하듯이 공상입니다. 그러나 당신과는 다른 의미에서입니다.

그것은 당신 안의 체계 속에서 만들어진 공상입니다. 조각가가 자신의 공구를 가지고 재료 속에 뭔가를 집어넣어 모양을 만들어 내는 것과 같습니다. 초기의 몸과 영혼의 외상은 똑같은 일을 합니다. 그것은 절대 지워지지 않는 색채를 가진 도장처럼 당신의 몸속에, 당신의 영혼 속에 찍혀서 남겨집니다. 그리고 그것은 일이 일어났던 때와 똑같은 강도로 평생토록 저장됩니다. 각인이지요.

또한 전기와 같은, 자석에 이끌리는 듯한 충동이며 먼 과거에서 온 육체와 영혼의 고통의 감정입니다. 우리의 예로 보자면 이것은 어떤 사람도 들을 수 없는 으르렁거리는 모사품 더미입니다. 오직 본인만이 이 고통을 느낄 수 있습니다. 이것이 그 어두운 영역, 곧 무의식 속에 억압되어 있지 않다면 말이죠."

"그렇다면 선생님이 말하는 그 각인을 지울 수 없을까요?"

"발터 씨, 그것은 대답하기 매우 어렵습니다. 그건 사람의 개성, 외상의 강도와 시기가 결정적 역할을 하기 때문입니다. 각인이 일어난 시기가 어리면 어릴수록 더 많이 운명적이니까요. 그러나 손전등 예를 다시 한번 생각해 보세요. 손전등의 빛이 으르렁대는 사자가 모사품 더미인 것을 드러낸 것처럼, 그것을 우리의 의식의 강도와 비교할 수 있어요. 그것이 또한 깊은 불안과 절망을 가진 우리 무의식의 어두운 부분을 환하게 밝혀 줄 겁니다.

그래서 우리가 더 잘 볼 수 있게 되지요. 헤르만 헤세가 말하듯 '안내자 없는 맹인 같은' 것은 되지 않겠지요. 아니, 우리가 어둠 속에 있는 자신을 인식하게 되면, 우리는 잘못된 길을 바로잡아 줄 수 있는 정신적 나침반을 갖게 되는 겁니다."

"제가 담뱃불을 붙여도 될까요?" 우도 발터 씨는 뭔가 숨 막히는 듯 담배를 꺼냈다.

그에게 먼저 소파에 눕도록 하고 깊게 숨을 들이마시고 이완하도록 했다. 그리고 그에게 양털이불을 건넸다. 그가 그렇게 한다. 한참 후에는 "저는 깊은 절망감에 압도당했어요, 선생님."

"발터 씨, 그 또한 오래된 감정이에요. 그 앞에서 도망가지 마세요. 머물러 있으세요. 그러면 아마 그와 함께 다른 오래된 기억들이 떠오를 겁니다."

나는 생각한다. 인간이 생의 초기에 사랑과 안전감, 피부 접촉, 음성 접촉, 시선 접촉, 모든 욕구의 남김 없는 만족감과 같은 그런 자연스러운 권리를 갖지 못했을 경우 얼마나 많이 고통을 견뎌야만 하는가. 이것들은 건강과 고유성 및 자율성, 그리고 특히 사랑 능력과 같은 근본적 특징을 가진 인간이라는 집을 세우기 위해 지탱하는 토대의 초석들이다.

발터 씨는 거의 동요 없이 소파에 누워 있다. 한참을 고요하게 있다가 몸을 일으킨다. 담요를 조심스럽게 접어서 있던 자리에 돌려놓은 후 나를 마주 보고 앉는다.

"선생님, 여기 내 이마 위 머리의 모근 쪽을 보세요. 보이시지요? 여기 흉터가 있어요. 내가 모든 것을 완전히 잊고 있었군요. 그런데 이제 다 기억이 났어요. 내가 아주 작은 꼬마였을 때 벽에 머리를 박았어요. 그래서 피가 터지는 상처가 났고 바늘로 꿰매야만 했어요." 깊은 한숨을 내쉰다. "방치된 기분, 절망감, 공포스러운 공허감 때문에."

그에겐 자해해야만 했던 이 나쁜 기억에 대해 더 오래 이야기하고자 하는 절박함이 있다. 욕구가 일어난다. 밀려오는 극렬한 영혼의 절망감을 다른 경로로 돌리기 위해 말은 계속하면서 슬픔에 잠긴 눈이 나를 바라본다.

"스스로 상처 내고 어떻게든 참을 수 없는 방치에서 달아났던 저는 정말 얼마나 대책 없는, 얼마나 아팠던 아이였을까요?" 그가 두 손으로 얼굴을 감싼다.

"아이가 스스로 바닥없는 깊은 절망에서 자신을 위로하고 구원하려고 하는 건 진짜 미치는 일이죠."

두 손으로 머리를 받치기 위해 그가 탁자에 두 팔꿈치를 올려놓는다. 그가 계속해서 내게 이야기하려고 할 때, 내가 낮은 소리로 말한다. "지금 부모에게 말하세요. 그들에게 모든 것을 말하세요." 그러자 바로 터져 나온다.

그가 시작한다. "나는 당신들에게는 공기였지, 공기! 아버지, 나는 아버지를 거의 보지 못했어. 내가 일어나면 아버지는 이미 출근하고 없었지. 그리고 엄마, 엄마는 내가 일어나면 내게 항상 그림자일 뿐이었어. 엄마가 항상 말했지. '나 나가야 한다. 나 나가야 해, 나간다. 나간다!' '그래, 도대체 어디로 가는데?' 내가 엄마에게 물었지. 그러면 엄마는 항상 내게 이렇게 작별 인사를 했어. '냉장고에 먹을 게 있어.'"

깊은 탄식과 함께 그가 절망감을 토해낸다. 내가 그에게 매우 조심스럽게 말했다. "그들에게 당신의 피 터진 상처를 보여 주세요." 그가 의자에서 소파로 피신한다. 오랫동안 파묻혀 있던 자신의 깊은 고통을 울어 내고 있다.

이제 몸과 영혼이 깊숙한 진실에 닿았다. 눈물이 무의식의 벽을 녹게 하고 단단한 껍질 속의 고통을 해방시켰다. 눈물이 무의식을 드러내고 이를 통해서 이성은 그를 아마도, 그릇된 길로 이끌어 왔던 내적 동기에 대한 실체를 체험하게 한다.

왜 이것 또는 그것을 하는지, 또는 했었는지 알게 되면서 정신적인 나침반이 작동한다. 이제야 알게 되었고 처음으로 이성(理性)이 가능해진다. 그러나 사람이 슬픔에 대해 이야기하는 것만으로는 충분하지 않다. 말로 쏟아냄은 온전한 항상성(homeostasis)에 영향을 줄 수 없다. 용서하기 위해서 또는 잊기 위해서 부모가 무엇을 했었는지 이해하는 것만으로는 아무것도 변화되지 않는다.

이것은 성인의 눈물이 아니라 고독하고 사랑받지 못했고 무력했던 작은 아이이자 아기의 눈물이어야만 한다. 어른의 눈물만으로도 마음이 가벼워지기에는 충분하지만 고통에 겨운 아이의 눈물을 끌어내야 한다. 오늘 내일 극복될 수 있는 과정은 아니다. 언제 어떻게 외상이 이루어졌는지에 따라 다르겠지만 아마 평생 걸릴 수도 있다.

그렇다. 내 생각에 생존을 위해 이 남자는 자기 영혼을 녹지 않는 눈 속에 숨겨야만 했을 것이다. 그곳으로 도망치면 아주 나쁜 감정들이 꽁꽁 얼어붙게 될 테니까.

사람들은 묻는다. 부모가 아이의 정신적 위기에 대해 장님, 귀머거리였을까? 아니다. 이러면 사람들은 더 이상 묻지 않는다. 그들도 완전히 소경이 되어 버렸다. 지나간 과거가 그들 스스로를 장님으로 만들어 버린 것이다.

이런 불행이 이전 세대에서 다음 세대로 이어진다. 이 세상 그 어느 곳에 이 개인을 위한 출구가 있을까?

우리의 가장 큰 질병은 무의식이다.

2천 년 전에 누가 말했던가?

'자기가 무엇을 하고 있는지 알지 못하니, 주여, 그들을 용서하소서.'

언젠가 한 중년 여성이 내게 말한 적 있다.

"나는 쫓기고 있는 토끼 같다는 느낌이 들어요. 그런데 사냥꾼이 누구인지를 모르겠어요."

미지의 사냥꾼을 알아내고자 하는 절박함이 보인다. 자신의 눈으로 똑똑히 마주 보며 사냥꾼의 힘을 빼앗는 것. 이를 통해 진정한 삶의 의미가 자유롭게 찾아질 것이다. 바로 이런 과정이 개인과 집단에게 필요하다.

너 자신을 알라!

우리에게는 따뜻함을 잃게 하는 외부의 어떤 것과 안에서 얼어 버리는 환경 변화에 대한 고도의 경계심이 필요하다. 우리는 우리가 생각하는 것보다 인간성에 대해 옳은 길을 예감하는 엄청난 잠재력을 가지고 있지만 지금은 의식화 과정이 필요하다.

그래서 발터 씨는 지금 어떻게 되었느냐고?
될 수 있는 만큼 아주 잘 되었다. 그는 억압*을 포기했고 잘 처방된 간격 속에서 생의 초기까지 거슬러 올라가 자신의 방치됨의 고통을 다시 겪어 보았다.
"잔혹하지만 무지의 암 덩어리를 갖고 살고 있다는, 이 끔찍한 진실을 느끼게 된 것이 유쾌합니다. 고통을 느끼는 것은 나쁜 것인데 역설적이게도 이와 함께 저 자신에 대해 더 좋은 감정을 느낄 수 있습니다. 이게 원래 그런 것 같습니다."라고 스스로 말했다.

---

* 억압: 방어기제. 사회적으로 용납되지 않거나, 비판, 비난 또는 자기 감시(=초자아)로 인하여 자아가 위협을 느끼는 수용될 수 없는 욕구(추동)가 의식에서 처리되지 않고 무의식 속으로 은폐되는 기제이다. 사고의 형태로 기억되지는 않으나 발생된 추동은 사라지지 않고 유사한 자극에 반응하는 정서 상태로 존재한다. 자아가 자기를 지키기 위한 방어 중 하나로서 의식 속에서 처리되지 않을 뿐, 이 감춰진 억압된 정서는 변형된 형태로 여러 방법으로 개인의 행동과 신체에 영향을 미친다(역주).

변화가 일어났다. 발터 씨는 아내를 상담에 합류시키고 싶다고 말했다.

그는 아내에게 이미 많은 것을 이야기했고 아내는 관심을 갖고 이해해 주었다.

"우리는 서로 더 가까워질 것 같아요, 선생님."

"그보다 더 좋은 소식은 없을 것입니다."

우리는 세 명이 함께하는 새로운 회기를 약속했다.

이제 다시 처음처럼 함께 자리에 앉았다. 처음과 같은 상황일까? 기간도 짧았는데 어떤 변화가 있었을까?

발터 부인은 내게 친절하게 손을 내밀었다.

"여기에 흔쾌히 왔어요. 남편이 제게 많은 이야기를 했죠. 저는 이제 전보다 훨씬 잘 이해할 수 있어요."

그녀가 짧게 생각을 정리했다. "그리고 깊이 이해하니 더 쉽게 용서가 되네요."

그녀는 더 많이 이야기하려는 듯했다. 그런데 그 사이 내 말이 먼저 나갔다.

"발터 부인, 아세요? 당신이 방금 하신 말을 들으니 붓다의 반열에 올라가신 것 같아요."

그녀는 놀라서 나를 쳐다본다. "붓다의 반열이라고요?"

"네! 붓다가 말씀하셨죠. '모든 불행은 오해에서 비롯된다.' 우리는 이해를 통해서 이러한 오해를 제거하기 위해 노력해야 합니다. 그러면 모든 것이 다 잘 풀립니다."

발터 부인이 말을 이었다.

"네. 맞아요. 그렇게 되면 더 잘 도울 수 있고, 더 잘 협력할 수 있고, 그러면 좋은 결과가 나올 수밖에 없겠지요."

'내 앞에 천사가 앉아 있구나.' 나는 생각했다. 감정이 솟구쳤다.

"발터 부인, 내가 당신을 안아 드릴게요."

발터 씨가 눈물을 훔칠 휴지를 찾자 아내가 그에게 자신의 손수건을 내민다.

"여보, 여기 있어요. 모든 것이 다 잘 될 거야."

천사가 나타나면 혼돈(chaos) 속에서 새것이 탄생한다. 모든 것이 단순하게 잘 해결된다. 발터 부인이 표현한 것처럼 붓다의 말을 적용하면 그렇게 될 수 있다.

서기 611년 밀레(Animaxander von Milet)가 말했다. "혼돈 속에서 다시 새것, 새 질서가 탄생한다." 즉, 이해를 통해서 오해가 사라지니, 혼돈 앞에서 불안해하지 말자는 것이다.

발터 씨가 양복 주머니에서 책을 한 권 꺼낸다. "제가 놀랄 만한 이야기를 해 드릴게요. 어제 저는 우연히 헤르만 헤세의 『코요테(Steppenwolf)』를 열어 보았어요. 회사에서 짧은 휴식 시간에 읽어 보려고 구입했는데 심심해서 펼쳤습니다. 거기에서 이 부분을 읽었어요. '힘들고 슬픔에 지친 저녁이 지나 나는 일찍 침상에 몸을 눕혔다. 그리고 그때 바로 느끼기 시작했다. 오랫동안 미루어 온 전투의 시간이 비통하게 다가왔음을. 그래서 모든 억눌린 것들이, 사슬에 묶인 것들이, 거의 억제되었던 것들이 내 안에서 분노하여 사납게 묶인 것들을 뒤흔들어대는 것을……'

그가 책을 덮는다. 그리고 그것을 다시 그의 양복 주머니에 집어넣는다.

"나를 위해 쓴 책 같아요, 선생님."

"축하드려요. 발터 씨, 누군가에게 제때 딱 맞는 단어가 우연히 떠오르는 것은 또 하나의 작은 기적이에요. 헤르만 헤세 역시 잠수부였어요. 당신처럼 아주 용감한 잠수부죠. 오직 그런 방식으로만 인간들을 위해 진실의 진주를 뭍으로 가져올 수 있었던 것입니다. 이제 당신은 헤세의 언어들에 닿을 수 있어요. 당신이 지금은 열려 있기 때문이죠, 발터 씨."

그러자 그는 진지한 얼굴로 고개를 끄덕인다.

"정확해요, 선생님. 억압이 깊으면 깊을수록, 고립은 더 커져가죠. 자신으로부터의 고립, 그리고 다른 사람으로부터의 고립. 우리는 이 고립이 죽음과 같은 의미라고도 말할 수 있지 않을까요?"

"당신이 지금 말한 부분은 프레데릭 베스터(Frederic Vester)의 '미래세계를 위한 생각'과 일치합니다. '오직 열린 시스템만이 생명력이 있다.' 멋진 영국 속담도 있습니다, '마음은 낙하산과 같다. 그것은 오직 열려 있을 때만 기능한다.'"

감흥에 차서 발터 씨는 무릎을 친다.

"맞습니다. 맞아요. 바로 그겁니다." 그는 지금 엄청난 활력을 뿜어내고 있다.

"그런데 발터 씨, 지금 특별한 것이 생각났습니다."

"정말 긴장되는데요, 선생님."

"말씀드리고 싶은 건 세포가 굳어지면 다른 세포와 상호작용할 수 없다는 겁니다. 그래서 결국 죽는다는 것이지요."

발터 씨는 의자 뒤로 깊숙이 몸을 기댄다.

"아, 선생님, 심오한 통찰입니다. 그건 진짜 아주 엄청난 결과를 가져오는 심오한 통찰입니다." 그가 계속해서 말한다. "거기에 이어서 제가 좀 더 생각해 보겠습니다. 물론 추측일 뿐이지만요. 큰 억압이 있을 때 사람들이 경직되기도 한다는 건 명백합니다. 왜냐하면 감정에 대한 접근이 점점 더 약해지기 때문이죠.

그것이 지금 우리 신체에는 어떤 영향을 미칠까요? 우리가 외상을 깊숙이 저장하고 억압했다면, 이것은 우리의 전 시스템에 엄청난 압력이 되겠군요. 압력은 물론 어딘가로 밀쳐지고 터지겠지요. 압력이 강하면 그때는 솥이 폭발할 겁니다. 그러지 않으면 이 압력은 바로 어딘가에 크게 상해를 끼치겠지요. 예를 들어, 세포가 굳으면서 죽는 것처럼요."

그가 생기 가득한 눈으로 나를 바라본다. "제가 계속해서 추측해 봐도 될까요, 선생님?"

"그럼요, 어서 하세요, 발터 씨. 당신이 원하는 만큼 충분히요. 정말 매우 흥미롭습니다."

그가 계속한다. "상호작용 없이는 우리 신체조직은 아무것도 진행되지 않습니다. 우리 몸 조직의 상호작용의 합계는 숫자로는 절대 표현될 수 없습니다. 모든 기관은 다른 기관과 상호작용을 해야 합니다. 소위 명령을 전달해야 하지요. 뇌 한 군데에서만도 천문학적인 상호작용이 진행됩니다. 그리고 그렇게 모든 세포는 상호작용을 합니다. 그런데 어떻게 신체의 세포들이 생물학적으로는 설명할 수 없는 방식으로 갑자기 적대적으로 작용하는 일이 발생할까요? 강한 압력의 심리적 외상이 세포에 도달하면 잘못된 명령이 내려질 수밖에 없고, 잘못된 명령들은 우리 몸 안에서 많든 적든 나쁜 카오스를 발생시킬 것입니다. 카오스는 바로 많든 적든 진정한 원인이 규명되지 못한 채 남게 되는 나쁜 질병과 같은 것이죠. 증상이 가시화되는 것과 발병의 진정한 원인에 대해 인식하는 것 사이에는 대부분 길고 긴 거리가 존재합니다. 내가 되돌아가서 출발점을 찾지 못한다면 그 진정한 원인은 내게 미지로 남아 있게 되겠죠. 어떻게 치유가 일어날 수 있겠습니까? 물론 이 말은 안팎으로 다 해당되죠. 안타깝지만 많은 사람이 깊은 무의식적 외상 때문에 미친 것이 아닐까요? 한번 생각해 보아야 합니다. 아주 나쁜 외상적 과거가 사람들을 정신병원이나 감옥으로 데려간 것은 아닌지 말이죠. 거기에는 진짜로, 연관이 있어요, 선생님. 그런 것들이 사람을 몰아붙입니다. 저를 보세요. 제가 미치지 않았던가요?

저를 그리 몰아댄 나쁜 감정들 때문에 미치지 않았던가요?" 그는 손으로 어딘가를 가리킨다.

우리 세 명은 오랫동안 침묵했다. 더 이상의 말이 필요하지 않았다. 거대한 평온이 발터 부인에게서 발현된다. 그녀는 감사할 때 나오는 행동처럼 두 손을 깍지 끼고 말하기 시작한다.

"선생님, 그 붓다의 말이 뭐라고 하셨죠? 정확히 어떤 말이었죠?"

"모든 불행은 오직 오해에서 비롯된다."

"지혜로운 말이군요. 사람이 이 말의 의미를 깨달을 수 있다면 가장 나쁜 불행은 저절로 사라질 수 있을 겁니다."

"네. 저도 그렇게 생각해요. 다만 우리는 그것에 대한 준비가 되어 있어야만 해요. 좀 더 조심스럽게 표현하면, 준비될 수 있어야만 하죠."

여기에 두 사람이 모두 고개를 끄덕인다.

붓다의 말이 발터 부인에게 많은 의미를 준 것 같다. 그것은 마치 동화 속에서 모든 문을 다시 열 수 있는 황금열쇠를 받은 것 같다. 그녀 안에서 머리와 가슴이 같은 소리로 좋은 울림을 주었다. 그녀는 몸과 마음이 다 아름다웠다. 그녀가 지금 또 어떻게 남편을 도우려 하는지 너무나도 꾸밈없이 이야기했을 때, 나는 그녀에게 적용해 본다면 가장 좋은 심리치료조차도 단지 회복을 위한 얄팍한 가능성 정도일 뿐이라고 생각했다. 사랑은 바로 하늘의 작업인 것이다.

이제 새 회기를 기약하지 않는 작별의 시간이 왔다. 나는 발터 씨에게 손바닥을 내밀어 달라고 부탁했다. 그는 손바닥을 열어 보였다. 나는 그에게 작은 금속 풍뎅이를 쥐여 주었다.

"오, 스카라베(뿔풍뎅이)군요." 그가 곧바로 이어 말한다.

"이것은 매우 지혜로운 생물이에요. 그걸 아세요?"

"이야기해 주세요, 발터 씨!"

"그러니까, 스카라베는 이집트에 삽니다. 더운 곳에서 살면서 자신만의 생존전략을 발견했죠. 스카라베는 자기의 알을……." 그는 약간 머뭇거린다.

"……자신의 똥 속에, 마르지 않도록 말이죠. 그렇게 스카라베의 생명은 보존될 수 있었습니다."

발터 씨는 손 안의 풍뎅이를 보면서 잠시 생각에 빠졌다.

"말씀해 주세요. 선생님은 왜 제게 이 스카라베를 주신 거죠?"

나는 웃었다. 삶은 진지한 사건과 깊은 감동 외에도 유머를 만드는 것을 좋아하는 것 같다.

"네, 제가 왜 스카라베를 선물했는지 이제 저의 이야기를 들려드릴게요. 우리가 LA의 야노브 연구소에 있었을 때 '고통스럽고 아주 나쁜 과거의 감정'을 '똥'이라고 불렀습니다."

"훌륭해요." 발터 씨가 끼어든다. "왜냐하면 그것들은 진짜 똥이니까." 그리고 거기에 강조점을 얹는다.

"큰 똥이죠!"

발터 씨가 예리하게 계속한다.

"아하! 스카라베는 제게 절대 더는 억압할 필요가 없다는 것을 상기시키겠군요. 그래서 제가 더 잘 지낼 수 있도록, 아니 저의 생명을 보존할 수 있도록요. 스카라베처럼 내 똥 속에서 제가 계속 살 수 있도록 말이죠."

"정확합니다. 잊지 않도록 항상 이것을 몸에 지니세요."

"네, 억압을 하는 경우 사람들은 자기 자신의 정서에 둔감해지지요. 그래서 동시에 다른 사람들 정서에도 둔감해집니다."

"우리 인간에게 억압이 계속된다면, 할 수 있는 말이라곤 옷을 따뜻하게 입어라 정도일 겁니다."

발터 부인은 깨달은 듯 고개를 끄덕였다. 미소를 지으며 말을 이었다.

"맞습니다. 잘 이해했어요." 그런 다음 깊은 숨을 들이마시고, "거의 모든 인류는 저 자신의…… 똥 속에서…… 살아야 하죠. 그렇지 않으면 이 세상에 사랑이란 나타나지 않을 겁니다." 이 말을 끝으로 우리는 새 회기를 약속하지 않고 작별을 했다.

나는 발터 부부에게서 오랫동안 어떤 소식도 듣지 못했다. 그런데 어느 날, 온다는 기별도 없이 그 둘은 내 문 앞에 서 있었다. 약속 없는 방문에 미안해했다.

다시 우리는 셋이 마주 보고 앉았다. 내 앞에는 발터 씨가 건넨 한아름의 꽃다발이 놓여 있다. 나는 그것을 그의 아내에게 건넸다. 그러나 꽃다발은 다시 내게 돌아왔다.

우리는 말없이 서로를 잠시 바라보았다. 그리고 우리 셋 모두 진정 아주 멋져 보였다. 나는 일어서서 말했다. "우리 축하주 한 잔 나눕시다."

발터 씨는 "선생님은 잔만 가져 오세요. 병은 우리가 이미 가져왔어요." 하고 말했다.

이제 우리는 잔을 채우고 앉았다. 그리고 우리의 재회를 기뻐했다. 대화는 부드럽고 가벼운 피상 위에서 움직였다.

나는 바로 발터 씨에게 질문했다. "발터 씨, 지금 어떻게 지

내세요?" 그가 뒤로 멀찍이 기대앉는다. 그리고 내 눈을 정면으로 바라본다.

"선생님, 먼저 제게 중요한 질문이 있어요. 제가 경험했던 것처럼 그런 버림받음을 경험하고 저보다 더 잘 적응했던 사람들이 많이 있나요?"

"발터 씨, 모든 사람은 고유하죠. 자신만의 역사가 있습니다. 그래서 다른 사람과 비교한다면 그것은 완전한 잘못입니다. 그것이 아무리 비슷하게 보일지라도 말이죠. 당신의 엄지손가락이 다른 사람들의 엄지손가락과 비슷하다 해도 그것은 수십 억 사람들 중에 오직 한 개뿐입니다. 당신의 엄지손가락 단 한 개. 마치 우주가 그런 것처럼요. 버림받음의 고통에 대해서 말한다면, 아이의 욕구가 충족되지 못한 채 남아 있게 되면 그것은 고통으로 변합니다. 아이에게는 생의 초기에 충족되어야만 하는 세 가지 욕구가 있습니다. 절대 깊은 상처를 입지 말아야만 하는 욕구이지요. 그것은 피부 접촉, 음성 접촉, 시선 접촉입니다. 이 세 가지를 요약하면 사랑을 의미합니다. 우리가 사랑받지 못하거나 소망되지 않는다고 느낄 때 경험하는 고통은 바로 실제로 체험되는 신체적 고통과 같습니다. 발터 씨, 당신이 심하게 방치되었을 때 우리는 피부 접촉,

곧 터치의 욕구가 충족되지 못했을 거라고 가정할 수 있습니다. 고통의 크기는 충족되지 못한 욕구의 강도에 해당될 것입니다. 그렇게 되면, 인생의 이후 시간들 속에서 긴장을 해소하기 위한 상징적인 대리만족을 찾는 행위가 일어나겠지요. 이 모든 것은 무의식적인 과정입니다. 그러나 고통이 의식이 되면 비로소 실수를 피하기 위해서 지성이나 사고의 능력이 처음으로 개입할 수 있습니다. 유기체는 내적인 압력의 균형을 최대한 맞추려고 시도하는 보완적 시스템입니다."

우도 발터 씨는 뒤로 기댄 채 눈을 감고 앉아 있다. 집중력을 높이기 위해서 그런 것처럼, 양손을 깍지 끼워 누르고 있다.

"이제 제게 모든 것이 분명해졌어요. 그리고 점점 더 분명해질 겁니다. 제 질문의 이유는 죄책감을 해소하기 위해서였어요."

"발터 씨, 이제 그것을 쓰레기통에 버려도 됩니다. 그렇지만 여전히 저는 죄책감에 대해서 뭔가를 더 말씀드리고 싶어요. 우리는 당연히 제가 지금 말하려고 하는 식으로 모든 것을 축소시킬 수는 없어요. 그러나 아주 분명히 말해 주고 싶어요. 사랑받지 못하는 아이한테서는 아주 쉽게 죄책감이 발달합니다. 사랑받을 가치가 없다고 무의식적으로 믿기 때문이죠. 그리고는 여전히 사랑을 얻기 위해서 더욱더 잘하려고 노력합니다. 여기에는 희망이 포함되어 있습니다. 희망 없이는 누구도 살지 못합니다. 제가 이해할 만하게 표현했나요?"

"완벽합니다, 선생님. 저는 이제 다른 것들도 더 잘 이해할 수 있어요. 그리고 아직도 질문이 하나 더 있습니다. 제 아내가 밖에 나가 있을 때 저는 물론 그녀가 곧 다시 돌아온다는 것을 알고 있지요. 그런데 곧바로 버림받는 감정이 솟구쳐 오르는 것은 어떻게 된 것이지요?"

"그건 과거의 깊은 외상이 곧바로 재작동되기 때문입니다. 현재에 같은 상황이 나타날 경우 말이죠. 그것은 아주 치명적이죠. 어떻게 그것을 해결하십니까?"

"저는 이렇게 해결합니다. 지금 제게는 정신적인 나침반이 하나입니다. 저는 알아요. 단지 사자의 모사품 더미가 포효하고 있다는 것을요. 과거의 낡은 감정이죠. 그런데…… 제 아내 없이는……."

이제 그녀가 그의 손을 잡는다. 그리고 아주 천천히 말한다. "여보, 당신과 내가…… 나와 당신이……." 잠시 말을 멈춘다. 시간을 둔다. "더 이상 아무것도 말하지 않을게요."

다시 태양이 떠올랐다. 그래서 우리는 잔을 부딪쳤다. 그리고 우리가 말없이 서로 마주 보고 앉아 있으면서 나는 발터 부인, 일제가 생각했던 것을 느꼈다. 그녀가 기꺼이 표현하고자 했던 것을. 그러다 그 순간이 되었다. 그녀는 손을 가슴에 얹고서 말했다.

"우리와 당신, 당신과 우리가 서로에게 황금의 4를 선물했어요. 그것에 감사해요."

그녀의 남편이 옆에서 그녀를 바라다본다. "황금의 4라고? 그게 뭐지?"

"여보. 숫자는 상징이에요. 4는 만다라입니다. 질서와 대칭(좌우동형)을 위한 상징을 뜻해요."

"아하!" 우도 발터가 말한다. "제가 함께 하고 싶은 멋진 감사의 표현입니다." "저 또한 그렇습니다." 내가 말한다. "당신 두 분과의 만남을 잊지 못할 거예요."

갑자기 우도 발터가 약간 놀란 얼굴을 한다.

"하나가 빠졌어요, 오늘. 하나가요." 그러면서 그는 자신의 호주머니를 뒤진다. 그리고 손바닥을 펼쳐 보인다. 거기에 스카라베(뿔풍뎅이)가 있다. 그의 목소리가 신성하게 들린다.

"여보." 짧은 침묵 후, "황금의 4야!"

우리는 평화로운, 좋은 기분으로 작별을 했다. 그리고 서로
를 잊지 않게 될 것임을 느꼈다.

2

어떻게 저 달을
쏴 버릴 수 있을까요?

■ 토마스 이야기 ■

무의식이 범람하여 이성을 덮친 소년

숨을 쉬는 데에는 두 가지 축복이 있다.
공기를 들이마시고
그것을 내보낸다.
그것이 압박해 들어오고
이것이 신선하게 된다.
이렇게 놀랍도록 삶은 섞여 돌아가는구나.

신께 감사하라, 그가 너에게 압력을 줄 때.
그리고 감사하라, 그가 너를 다시 해방시킬 때.

— 괴테

괴테는 이 시에서 건강한 호흡 리듬에 대해 말했다. 우리는 감사할 수 있다. 호흡이 힘든 사람들도 있으니까. 이럴 때 호흡 곤란이나 호흡불안에 대해 말한다. 얕은 호흡이 있기에 깊이 있는 호흡을 위한 호흡운동을 하기도 한다.

우리는 또한 '그것이 숨을 턱 막히게 했어.'라는 말도 한다. 다르지만 매우 중요한 리듬은 (받은) 인상과 표현(밖으로의 압력)의 리듬이다. 숨을 들이마시고 내뱉는 것과 같이 수용하고 표현하는 것을 말한다. 이 리듬이 훼손되었을 경우 필연적으로 호흡도 문제가 될 것이다.

매일 밤 꾸는 꿈 또한 어제, 그제 그리고 먼 과거, 또는 생의 초기의 인상을 표현하기 위해 노력한다. 누가 알겠는가! 하지만 꿈의 언어는 이성으로는 해석할 수 없다. 그것은 상징 속에 그리고 이미지 속에서 그려진다. 그리고 그것은 태어나서 죽을 때까지 매일 밤마다 항상 다시 일어난다. 자신과 주변의 균형을 유지해 주는 변함없는 울림들이다.

> 무의식이 의식으로 올라오기 위해
> 어두움이 밝음으로 변화되기 위해
> 함께 성장하고 더 나아가기 위해
> 안에 새겨진 인상이 내면을 더 잘 보기 위해
> 그리고 "너 자신을 알라"라는 인식에 좀 더 가까워지기 위해

신체적 · 정신적으로 가장 깊은 곳에 각인된 인상들은 눈물 속에서 가장 효과적으로 표현된다. 눈물 속에 보관된 스트레스 요인들, 소위 카테콜아민이 이것을 입증한다. 그리고 다시 괴테의 말을 빌리면, "눈물이 흐른다. 대지가 다시 나를 품는다."

우리는 이제 두 번째 이야기로 다가간다. 그리고 열여섯 살 소년 토마스의 심리치료적 사건에서 우리가 (각인된) 인상과 표현의 리듬을 인식할 수 있는지 알아보자.

토마스는 소년원에서 내게 지정되었다. 내가 전달받은 것이라곤 토마스는 야만스러우며 강박적인 절도범이라는 것과 최근에는 자동차 전문 털이범이었다는 사실이다.

토마스에게는 슬픈 과거가 있었다. 어머니는 이미 오래전에 돌아가셨고, 아버지는 끊임없이 여자를 바꾸는 것만 보여 준 신뢰할 수 없는 사람이었다. 그래서 부모 중 누구도 토마스를 위한 '대체엄마' 역할을 하지 못했다. 대신에 토마스는 계속 쫓겨났다. 한 번은 여기로 다음에는 거기로 그리고 그다음에는 저기로.

소심한 초인종 소리가 울렸다. 깡마르고 위로 훌쩍 솟은 듯 큰 키의 토마스가 문 앞에 서 있다.

"와 줘서 고맙구나, 토마스." 내가 그렇게만 말하고 그에게 손을 내민다. 느슨하고 힘없는 손이 내게 악수한다. 그는 시선을 피한다. 그렇게 그가 문 안으로 들어왔고 어디로 가야 할지 알지 못하는 듯 방 가운데에 부동의 자세로 멈춰 선다.

나는 토마스에게 이 큰 놀이방에서 사람들이 뭘 할 수 있는지 짧게 설명한다. 미니테니스, 요리, 그네 타기, 인형극장 놀이하기, 북 치기 등등. 우리는 대화를 할 수도 있다. 아니면 그냥 소파에 앉아 기댈 수도 있다. 그리고 쉴 수도 있다. 그러나 그는 그 어떤 것에도 동요하지 않는다.

금방 어두워졌다. 저녁이다. 결국은 그가 창문 앞에 놓인 의
자에 앉는다. 그리고 둥근 만월의 압도적인 광력에 사로잡혀
어두운 밤하늘을 바라본다. 그는 침묵한다. 나는 그의 옆에 앉
는다. 역시 침묵하면서. 그렇게 많은 시간이 간다. 그리고 나는
어떻게 계속 진행될지 생각한다. 그러나 나는 그 길을 결정할
필요가 없다. 기다림만 있을 뿐.

마침내 나는 그의 얼굴 표정에서 무엇인가가 그의 안에서 일
어나고 있음을 느낀다. 결국 그가 전보다는 훨씬 힘 있는 목소
리로 내게 말한다.

"저 달을 어떻게 쏴 버릴 수 있을까요?"

그러나 이 질문은 나를 향한 것은 아니다. 그래서 이것은 그
와 나 사이의 대화의 시작도 물론 아니다. 오히려 그 반대이다.
우리 사이에는 벽이 세워진 것 같다. 그는 완전히 독백 속에 잠
겨 있다. 달을 어떻게 쏴 버릴 수 있을지 그 방법을 찾는 데 점
점 더 공상적이 되어 간다.

지금 질문을 하는 것이 의미가 있을까? "그런데 너는 왜 달을
쏘려고 하는 거지?" 그가 답을 알 수 없다는 걸 안다면, 이 질문
은 해서는 안 된다는 것을 알아야 한다.

토마스는 완전히 밖에서, 주변에서, 무의식에서 그의 중심
으로, (바라건대) 의식으로 자신을 표현하고자 노력 중이다. 폭
력적인 감정들을 우주에, 달에 내던져 버림으로써 자신을 해방
시키기 위해서이다. 달은 아주 멀고 먼 데 있다. 그래서 이것은
거의 위험하지 않지만 과감한 실행이다.

그리고 그것은 밤마다 그 방식으로 유지되며 점점 더 정확해
진다. 하늘의 그 커다란 전등이 결국 꺼질 때까지. 그러고 나면
그는 더욱 수동적이 되고 슬픔에 빠져 자기 안으로 완전히 침
몰한다. 그의 몸은 놀랄 만큼 굳어 있으나 반대로 그의 손은 완
전한 불안 속에서 계속 목적 없이 움직인다. 그의 상태를 한 문
장으로 묘사하면 '고통에 사로잡힌'이라고 할 수 있다. 라이너
마리아 릴케의 시 「흑표범」이 떠오른다.

창살 밖으로 나가는 것이 더는 가능하지 않은 그에게

그에게는 오직 천 개의 창살만이 존재하는 듯

천 개의 창살 뒤에 세계란 존재하지 않는구나.

깊은 절망감에 사로잡힌 흑표범, 토마스를 많이 닮았다. 나
는 무력감을 느낀다. 그와 접촉을 하기 위한 모든 시도가 실패

했다. 시선 접촉은 불가능하다. 나는 내가 어떤 모습인지 그가 도대체 알기나 하는지 의문이 든다.

오락가락 나는 그의 꿈에 관해 묻는다. 그는 거의 항상 긴 길에 대한 꿈을 꾼다고 말한다. 꿈의 마지막에서 멀리 있는 집들이 보이는데, 그 집들의 창문에서 뻗은 불빛이 직선으로 거리를 비추고 있다. 이 반짝이는 목표에 그는 집중했다. 꿈속의 그는 삐걱대는 오른쪽 다리를 가지고 있는데 인공다리인지 확실하지는 않다고 한다. 그렇지만 그는 걷는다. 토마스가 거기에 도착했을 때 모든 집에는 문이 없다.

그가 계속한다. "문 없는 집들, 그건 웃기는 일이었죠."

내가 그에게 묻는다. "그렇게 오랫동안 걸어온 뒤 문 없는 집 앞에 섰을 때 어떤 감정을 느꼈지?"

표정을 보이지 않는다. "전혀요……. 그냥 웃기는 집들이었죠."

"전혀 슬프거나 실망하지 않았니? 그리고 너의 삐걱대는 다리는 좀 쉬어야 했을 텐데……."

표정을 전혀 보이지 않으며 어깨만 들썩한다. 즉, 이 질문으로 그는 아무것도 시작할 수 없다. 그렇구나! 나는 생각한다. (그의) 감정들은 꿈속에서조차 허락되지 않는구나. 이 빙하를

녹이기 위해서 그에게는 많은 햇살이 필요하다.

　어느 날 저녁, 그는 침묵을 깨고 목표 없이 그저 방안을 돌아
다닌다. 나의 시선이 그를 뒤쫓는다. 이것을 한 번, 저것을 한
번 만지작거린다. 그러다 그는 물건들이 많이 든 커다란 수공
예 상자에 열중한다. 이것을 한 번, 저것을 한 번 손에 들었다
놓았다 하다가 빈 캔 하나와 철선을 가지고 내게로 돌아온다.
오늘 유난히 슬퍼 보인다. 마침내 그는 깊이 집중하며 철선을
뭉치기 시작한다. 그런 다음 그것을 깡통 안으로 집어넣는다.
그 위에 뚜껑을 눌러 덮고 내게 말한다. "이것은 이제 아주 완
전히 납땜이 되어야만 해요."
　캔의 납땜이 그에게 얼마나 중요한지 분명히 느낄 수 있다.
그러나 납땜할 재료가 없다. 방법이 없다. 그러다 내게 성능 좋
은 접착테이프가 같은 목적을 아주 잘 충족시킬 것이라는 생각
이 갑작스레 떠올랐다. 그래서 충분한 양을 그에게 건넨다. 그
는 이제 온 힘을 다해 빈 캔을 밀봉하기 시작한다. 먼저 여러 번
에 걸쳐 뚜껑 주위를 테이프로 둘러싸고, 다음에는 위에서 아래
로, 그리고 아래에서 위로, 십자 모양으로, 평형으로 결국 자신
이 말할 수 있을 때까지 계속한다. "자, 이제 완벽하게, 단단히

밀폐되었어요."

"이제 아무것도 들어갈 수 없고 나올 수도 없지."

그가 슬픔 속에서, 그러나 온 힘을 다해 철사를 밀어 넣은 캔이 완벽히 밀봉되도록 폐쇄시키는 모양을 관찰하면서 나의 절망감은 사라졌다. 그렇다, 우리 사이에는 어떤 벽도 존재하지 않는다. 우리는 매우 깊은, 어떤 대화 속에 있다. 토마스는 내게 꿈의 언어를 통해 말하고 있다. 그렇게 상징적인 그림 속에서 자신을 표현하고 있다. 그것들은 먼 과거에서 그리고 무의식에서 나오는 것이다. 나는 판도라의 상자를 생각한다. 그리고 이 캔에 대해서도. 이것은 여성의 상징이 아닌가? 토마스는 그의 슬픔 때문에 깊은 퇴행 속에 내몰린 것인가? 무엇 때문에 캔은 밀어 넣은 철선들과 함께 반드시 납땜이 되었어야만 했을까?

이것은 그에게는 가령 모태에 대한 상징이 아닐까? 그는 그의 첫 번째 안전공간으로 피신하고 싶은 것이다. 그런 다음 절대 다시 태어나고 싶지 않은 것이다. 그에게 오직 불안과 위협과 방치만을 준비해 둔 이 세상에서 사라지고 싶은 것이다. 아직 그는 모른다. 왜 그가 이 상징 속에 이러한 감정을 표현했는지. 그러나 점차 의식 능력이 증가하면, 점차 그가 자신의 진실에 더 가까이 접근하면, 이러한 암호화는 줄어들게 될 것이다.

그러면 더 많이 분명해진다. 기다려야 한다.

　어느 날 저녁, 그는 그 회기를 팀파니를 치며 시작한다. 커다란 빨간 분필을 가져와서 벽 칠판에 다가간다. 그리고 그 위에 커다란 글자로 쓴다. "암돼지."

　웬일인가!

　나는 이 세 글자를 무표정하게 조금 오랫동안 바라본다. 그는 이미 몸을 돌렸다. 그것은 '노코멘트(말하지 마)'의 신호였다!

　이제 그는 인형극장으로 간다. 이것 한 번, 저것 한 번 인형들을 손에 쥐고 결국 그레트헨 인형(여자인형, 『파우스트』의 주인공)을 집어든다. 그러나 짧게 바라본 후에 이내 구석으로 내팽개쳐 거칠게 부딪치는 소리가 난다. 그 후 내게 뭔가 이야기하기 시작한다.

　작은 사내아이이던 시절 그는 종종 오리가 돌아다니는 시냇가로 달아났다고 한다. 그리고 그는 눈썹 하나 까딱하지 않고 말한다. "저는 이따금 오리들의 목을 비틀었어요."

　나는 생각한다. 이 아이는 지금 내게 고해를 하고 있는 것인가? 진정 후회하고 있는 것에 대해서, 아니면 여기에 대해 내가 어떻게 저항하는지 시험하려 하는 것인가, 또는 '암돼지'라고

썼던 것처럼 나를 공격하고자 하는 것인가?

여기 있는 모든 것은 여성적 상징들이다. 암퇘지, 그레트헨 인형, 빈 캔 그리고 더욱이 달, 루나 여사까지. 그렇다. 그리고 그의 심리치료자까지 여성이 아닌가. 한번 보자. 계속해서 어떤 일이 벌어질지.

토마스가 탁구에 흥미를 보인다. 탁구채를 들어 허공에 공을 날린다. 내가 묻는다. "나랑 탁구 칠래?"

그가 동의한다. 그러나 아주 빠르게 이 게임은 완전히 다른 형태가 되어 버린다. 토마스 쪽에서 집중 공격이 쏟아진다. 나는 잘 막아 낸다. 그러나 그가 공들을 네트를 넘겨 반대쪽에 보낸다기보다 무조건 내 앞으로만 때리기 시작할 때 나는 탁구채를 탁구대에 내려 놓는다. 그리고 그에게 묻는다.

"토마스, 무슨 일이야?"

그리고 다시 한번 매우 조용히 묻듯이 부른다. "토마스?"

지금 그는 말 그대로 자신에게 무너진 듯하다. 의자에 털썩 주저앉아 손으로 머리를 받치고 있다. 맙소사! 30초 전에 내가 본, 내 앞으로 폭발적인 소리를 내며 공을 때리던 힘센 토마스가 지금은 무력하고 절망적인 아이이다. 온몸을 떨고 있고 그러다 나를 쳐다보지도 않은 채 두려움으로 가득 찬 질문을 던진다.

"그러면 이제 저를 밖으로 내쫓으실 건가요?"

번개처럼 한 영상이 스쳐간다. 그의 지금까지의 짧은 인생에 대한 영상이. 어머니는 그가 태어나자마자 바로 사망했다. 그리고 (토마스 자신의 표현 그대로 말하면) 아버지의 세 여자는 그를 항상 밖으로 내쫓았다. 그리고 이제 결국 소년원, 말 그대로 소년 형 집행기관(독일어로 소년원의 속뜻은 형 집행기관임: 역주)에 도착했다.

이게 옳은 단어인가! 나는 또 아주 재빨리 '형 집행기관'에 대해 생각한다. 형(刑)이라…… 그의 짧은 삶 자체가 유일하고 중단 없는 형 집행이 아닐까?

나는 그를 먼저 안심시킨다. "토마스, 너는 절대로 여기에서 쫓겨나지 않을 거야." 손으로 그를 이끌어 소파에 눕도록 권한다. 담요를 덮어 주고 나는 그의 옆(얼굴이 보이지 않는 쪽)에 앉는다.* 나는 이제 좋은 질문들만 제기하기 위해 생각한다. 오직

---

* 정신분석의 자유연상 기법: 정신분석가는 내담자가 분석가의 얼굴을 볼 수 없도록 내담자의 옆에 앉아 질문하고 분석한다. 내담자가 정신분석가의 표정을 통해서 생각의 검열과 제재를 받지 않고 자유롭게 이야기함으로써 억압되었던 무의식적 추동이 의식의 표면에 올라올 수 있도록 하는 기법이다(역주).

그런 질문들을 통해서만 그는 저 자신의 답을 찾을 수 있기 때문이다. 한참 후에 그는 담요를 가볍게 열어젖힌다. 게다가 나를 바라보기까지 한다. "지금까지 아무도 내게 이렇게 하지 않았어요." 나는 그의 어깨에 가볍게 손을 얹는다. 그렇게 우리는 서로 말없이 나란히 앉아 있다. 그러나 내 생각은 여전히 맴돌고 있다.

곧, 그는 항상 '밖으로 쫓겨났었다.' 그것에 그는 항상 두려움이 있다. 그런데 왜 그는 내게 오리 이야기를 했을까? 그가 정말로 뭔가 나쁜 짓을 했다면 그것은 벌을 받을 위험이 클 텐데. 다시 내쫓기고 싶은가? 왜 이야기를 했지? 나는 그에게 직접 물어본다. 그는 대답을 주저한다. 그런 다음 낮은 목소리로 말을 잇는다.

"그건 사실이 아니에요. 그 이야기는······."

"사실이 아니라고?" 내가 놀라서 묻는다. "다행이구나. 그런데 너는 왜 그렇게 이야기했니? 그 이야기로 너는 너를 의도적으로 나쁜 사람으로 만들었구나. 대체 무엇 때문에? 토마스, 무엇 때문이지?"

그가 머리를 흔든다. "모르겠어요."

얼마나 깊이 이 소년은 망가진 것인가. 그의 행동은 완전히 무의식적이고 일부는 역설적이다.

내가 이제 칠판 위의 세 글자, '암퇘지'를 가리킨다.

"그러면 이 글자는 왜 적었니, 토마스?"

그는 머리를 세차게 흔들 뿐이다.

"모른다고?" 나는 나지막한 소리로 묻는다. "네, 모르겠어요."

이제 나는 그에게 구석에 내던져진 그레트헨 인형을 집어다 준다.

"그럼 무엇 때문에 이 인형은 거칠게 다뤘니?"

그의 얼굴엔 아무 표정이 없다. 공허하고, 창백하고, 간단히 말해 살아있지 않다. 나는 그가 다시 머리를 흔들며 부인할 것을 예기했다. 그는 모를 것이라고 생각한다. 은유적으로 표현하자면 '분노에 눈이 멀었다.' 헤세의 말을 빌리자면 '안내자 없는 시각장애인과 같다.' 그는 단 한 번도 이 나쁜 분노의 감정을 의식한 적이 없으니까.

과거의 외상은 생각을 안개 속처럼 은폐한다. 즉, '불안은 자신을 어리석게 만든다.' 그러나 이것은 너무 부정적인 표현이다. 더 정확한 것은 사고의 힘이 거대한 불안에 의해 폭행당한 것이다. 그리고 그 때문에 독립적 사고가 더는 가능하지 않다.

이럴 때 무엇을 할 수 있단 말인가?

아무리 똑똑한 꾀를 내 보아도 어떤 것도 통하지 않는다. 나는 권투 장갑 한 켤레를 가져와서 그의 손에 끼워 준다. 그의 표정이 약간 달라지는 효과가 있다. 그런 다음 그를 샌드백 앞으로 이끌었다. 그는 완전히 뻣뻣하게 샌드백 앞에 섰다. 내가 먼저 한 번, 두 번, 세 번 샌드백을 때린다. 그리고 내 자리로 돌아간다.

오래 걸리지 않는다. 토마스는 첫 번째 약한 펀치를 가한다. 그러나 점점 더 강해지면서 점점 더 빨라지더니 결국은 집중 포격이 일어난다. 이 얼마나 폭력적인 분노의 표출인가! 그는 이제 잠시 혼자 시간을 멈춘다.

그리고 나는 괴테를 생각할 수밖에 없다. '내가 부른 유령들에게서 나는 벗어날 수가 없구나.' 그러나 아니다. 나는 걱정하지 않는다. 반대로 나는 안심이 된다. 강타당한 두터운 매듭이 부서졌다는 좋은 기분이 든다.

스스로 자신의 정서를 의식하고 그 근원까지 거슬러 올라가는 것이 잘못된 삶의 방식을 교정하는 가장 효과적인 방식이다. 이성적인 과정이 아니라 정서적 차원에서 진행되어야 하며 많은 용기와 통찰력을 전제로 하는 아주 힘든 길이다. 이성적으로 이해되고 다시 과거로 보내지기 위해 고통은 다시 재현되어야 한다. 만약 이것이 성공한다면 토마스는 다시 현재를 살힘을 갖게 된다. 그러나 과거의 기억 속 유령 같은 고통을 완전히 용해시킬 수 있을지는 아직 단정하기 어렵다.

연속 펀치가 약해졌다. 몇 개의 타격이 이어진 후 더 이상 소리가 들리지 않는다.

이마에서 땀을 훔친다. 그리고 소파에 다시 몸을 눕힌다. 나는 좋은 감정이 든다. 행하고 멈추는 것을 그가 스스로 선택한 것이다.

내가 아주 오랜 침묵을 깨고 말한다. "좋았어, 토마스. 계속해서 그렇게 해. 그리고 네가 원한다면 여기에 대해 우리가 이야기할 수 있지. 그러면 너는 천천히 과거의 나쁜 감정들을 보게 될 거야. 지금은 녹아버린 과거의 눈덩이들이지. 그러면 너는 현재와 과거를 분리할 수 있을 거야."

내가 말을 너무 많이 한 것 같다. 내가 "이해했니?"라고 물었더니 그는 무성의하게 고개를 끄덕일 뿐이다. 그러나 괜찮다. 오직 절반 정도 느낀 진실일지라도 무의식 속에서 효과가 빛나가지는 않을 테니까.

샌드백은 이제 토마스의 표적이 되었다. 권투 장갑을 낄 때마다 그의 표정은 어느새 저절로 달라진다. 내 눈엔 그가 더욱 활기 있어 보이고 그의 주먹이 샌드백을 향해 날아갈 때 나는 한마디로 그의 영혼이 해방을 갈구하고 있음을 깨닫는다.

그에게는 나쁜 경험들이 있다. 그는 수많은 벌을 받았고 귀가 비틀리고 머리채를 잡히고 따귀를 맞았다. 감금되었다가 항상 쫓겨나는 걸로 마무리되었다고 했다.

그가 지금 자신의 분노 감정을 해소하는 것은 물론 좋은 일이다. 그러나 이것이 전부는 아니다. 슬픔의 표현도 분명 중요하다. 분노는 보통 충족되지 못한 욕구의 겉모습이다. 삶의 결정적 시기에 사랑은 마법의 언어이다. 특히, 특별히 민감한 시기인 태아기, 신생아기와 영아기, 그리고 아동기 초기에 더욱 더 그렇다. 토마스가 이 깊숙한 감정들을 발견할 때까지는 시간이 걸린다. 때가 이르기 전에 고통을 부활시켜서는 안 된다.

이제 나에 대한 접촉과 신뢰가 강해진 것이 분명하다. 나는 그와 시선 접촉을 만들기 위해 매우 노력했다. 눈의 언어가 가장 민감하고 속일 수 없으니까. 거짓말은 오직 언어로만 할 수 있는 것이다. 그래서 잘 알려진 명언들이 있다.

'시선으로 죽일 수 있다.'

'나는 네 눈 깊숙이 너를 보았다. 그리고 지금 심장이 떨린다.'

'네 입이 은폐하려 한 것이 네 눈에 쓰여 있구나.'

이 말들이 우리에게 어떻게 반영되고 이해되는가는 중요하지 않다. 단지 이런 세간의 이야기들은 반드시 핵심을 건드린다는 것이다. 아, 맞다. '눈을 보니 완전히 제정신이 아니다.'도 있다.

인간에게서 무의식적 정서가 뚫고 나와 범람하여 이성을 덮치면 이성은 이제 혼돈 속에 빠질 수밖에 없다. 그렇게 되면 '더 이상 제정신이 아니다.' 보호벽으로 작용하던 방어들이 무의식을 더는 의식으로부터 분리할 수 없게 하기 때문이다.

그렇게 눈빛 대화는 우리의 공존에 중요한 얼개가 되었다. 이제 좋은 감정을 그에게 전달할 수 있는 통신선이 생겼다. 그래서 자기 인성을 재조정해야 하는 절박하고 위급한 상황이 오면 다시 사용할 수 있다. 한번은 "오늘은 우리가 아직 서로를 눈으로 보지 않았네요."라고 토마스가 말했을 때 나는 너무 기뻤다.

지금 내가 토마스에 관한 다음의 소소한 이야기들을 쓰기 전에 나는 독자에게 (토마스가 지금 여기까지 왔다는 것에 주안하여) 부탁하고 싶은 것이 있다. 먼저 깊이 숨을 들이쉬라고 말이다(나 또한 그렇게 하고 있다). 왜냐하면 이 이야기는 우리의 심장을 가격하기 때문이다. 그러나 바로 동시에 미리 알려드릴 수 있는 것은 이 이야기는 또한 매우 긍정적인 어떤 것을 담고 있다는 것이다.

마치 무(無)에서 창조되듯—왜냐하면 어떤 대화도 진행되지 않았기 때문이다.—토마스는 내 앞에서 탁자에 손을 올리고 말한다. "내가 이 손을 갖게 되지 않았다면 모든 것이 이렇게 나빠지지는 않았을 거예요."

오 맙소사, 이럴 때는 정말 다시 마음을 가라앉혀야 한다. 그런 다음 나는 진정 마음을 다해 반응한다. 사랑스럽게 그의 두 손을 잡고 그를 오래도록 바라본다. "토마스, 모든 것이 좋아질 거야. 나를 믿어 봐. 모든 것이 좋아질 거고 넌 이 두 손으로 앞으로 많은 좋은 일을 하게 될 거야."

그리고 내게 아주 긍정적인 어떤 것이 떠오른다. 지금까지 그의 절도에 대해서는 어떤 대화도 없었다. 게다가 무엇 때문에 말할 필요가 있는지, 분명한 답변을 아직 할 수 없을 수 있다. 그가 나의 질문을 도덕적인 것으로 오해했을 수도, 그래서 그에게 그것이 전혀 도움이 안 됐을 수도 있을 테니까.

그러나 이 이야기에서 첫 번째 신호로서 깊은 후회가 나타나 있다. 완전히 저 스스로 나타난 것이다. 이를 위한 어떤 외부적 자극도 없이 말이다. 그리고 이것이 결정적이다. 어떤 내적 이유에서 그가 절도의 충동으로 내몰렸는지가 지금 그에게 의식화된다면, 바로 그가 내적 강박에서 해방될 정당한 희망이 생기게 된다. 바로 여기 이때, 사람들은 계속 도움을 요청하기 위해 양손을 펼칠 수 있다.

여기서 한번 상기할 필요가 있다. 이 모든 것은 '저속촬영'처럼 서술되었다는 것. 그리고 이 이야기에서 '현재란 무엇인가?'에 대한 깊은 해답을 얻고자 한다는 것을 말이다.

오늘은 토마스가 나에게 특별한 인상을 준다. 그는 고요하게 흔들리는 말 인형 위에 앉아 있다. 표정은 매우 부드럽고 그 안에는 활기가 담겨 있다. 촘촘하고 새까만 눈썹을 지닌 눈꺼풀이 이제 더는 아래로 처져 눈의 절반을 덮고 있지 않아서일까? 그보다는 이제 자연스럽게 뜨고 감을 수 있는 시선이 해방되어서일까?

토마스는 지금 앞에서 뒤로 뒤에서 앞으로 목마를 탄다. 시간이 흐르면서 나는 그의 내적 과정에 대한 좋은 예감을 갖게 된다. 그의 안에서 밖으로 중요한 어떤 것이 뚫고 올라올 때가 언제인지 분명히 느낀다. 바로 지금!

토마스는 이야기하기 시작한다. "언젠가 오래전에 이야기를 하나 읽었어요." 잠시 멈춘 다음 느린 음성으로 계속한다. "결코 잊을 수 없는 이야기였지요."

"말하렴, 토마스."

이야기를 시작하기 전에 그가 나를 오랫동안 바라본다. "엄마와 아기 코끼리 이야기였어요. 아기는 계속 엄마 젖을 먹으려고 시도했죠. 그러나 아무것도 나오지 않았어요……."

"그래서, 토마스?"

깊은 한숨과 함께, "엄마는 죽어 있었어요!" 그리고 잠깐 쉬었다가 "그러자 아기는 정글 속으로 달려갔어요." 하고 말했다.

"오." 거의 속삭이듯이 내가 말한다. "슬픈 이야기구나……."

우리는 오랫동안 시선 접촉을 유지했다. 그의 눈 속에는 깊은 슬픔이 담겨 있다. 그런 다음 나는 다시 한번 그의 이야기에 집중한다. "토마스." 내가 말한다. "그리고 이 이야기가 너의 이야기이기 때문에 너는 그것을 잊을 수 없는 것이니?"

더 이상 말이 없다. 고통이 그의 온몸을 꾸부러트린다. 그런 다음 그가 소파에 몸을 던진다. 그리고 울고 또 운다, 서럽게.

지금 그는 처음으로 의식 속에서 그 자신의 내적 현실을 발견했다. 더 정확히 말해 그의 위로 없는, 사랑이 빠진 아동기의 가장 깊숙한 고통을, 그리고 그의 생애 첫날 어머니의 죽음으로 시작된 아동기의 무망감을⋯⋯.

그렇게 토마스의 삶은 시작되었다. 잘못된 기차였다. 방향도 틀리고, 내릴 수도 없는. 탈출밖에는 답이 없다. 그리고 다시 시작점으로 돌아가 새로운 인식을 가지고 삶을 새출발하기 위해 올바른 기차를 선택해야 한다. 이 과정은 용기를 필요로 하고 하루아침에 성취될 수 있는 것이 아니다. 시간이 필요하다. 아주 많은 시간이.

생의 첫 시기에 엄마로부터 분리되는 아이는, 유감스럽지만 비극적인 고독에 처하게 된다. 게다가 또한 토마스의 삶에서는 한 번도 사랑받지 못했다는 절망감의 고통이 발동된다. 무언가를 차단하는 우리의 능력은 제한적이다. 고통은 우리의 시스템에서 거의 아무것도 활성화하지 못한다. 생존하기 위해, 정서적 고통을 억압하기 위해 우리는 모르핀과 유사한 물질을 생산해

내야 한다. 그리고 억압이 성공한다면 파국은 되돌리기 힘들다.

손이 얼기 시작하면 우리는 고통을 느낀다. 동상 부위가 넓어지고 깊어지면서 아픔은 무감각해지고 결국에는 아무것도 느끼지 못한다. 우리 몸이 다시 녹을 때, 우리는 새롭게 고통을 느낀다. 이것이 정서적 고통의 패러다임이다.

다시 토마스에게 돌아가자.

나는 동물원에 가 본 적이 있냐고 물었다. 머리를 가로저으며 대답이 이어진다.

"아니요. 아직 단 한 번도."

"함께 동물원에 가고 싶은 마음이 있니?"

즉각적으로 대답한다. "당연히 있죠."

그래서 우리는 함께 동물원에 간다. 당연히 코끼리를 보러.

코끼리 우리 앞 벤치에 앉는다. 필요한 일이다. 동물들과의 만남은 토마스에게 아주 오래된, 그러나 항상 근본이 되는 이야기이기 때문이다. 우리는 거친 야생동물들을 바라보았다. 한 어린 새끼가 보호를 구하듯 두껍고 강한 기둥 같은 어미 다리에 기대는 모습을 보았을 때 토마스는 말한다.

"저는 결코 엄마를 가질 수 없겠지요?"

그렇다. 이것은 과거에 저장된 파국의 드라마이다. 이 정서와 유사한 부정적 또는 긍정적 체험이 나타날 경우 현재로 곧바로 불러일으켜져 재활성화된다. 평생 이렇게 과거의 포로로 살지 않으려면 오랫동안 감정 속에서 잠영을 해야 한다. 그리고 의식 과정 속으로 다시 돌아올 수 있어야 한다.

토마스는 이제 자신의 고통을 표현할 수 있다. 선뜻 내게 기대어서 조용히 훌쩍거리기 시작한다. 아이들이 속으로 깊이 울고 난 다음 흔히 그렇듯 안정을 위한 숨 들이마시기를 한다. 토마스에게 무엇을 말해야 할까? 절망은 희망을 향해 발걸음한다. 그래서 내가 말한다.

"아, 토마스. 인간은 모두 서로서로 형제가 되고 자매가 될 수 있어. 아니면 아버지도 되고 엄마도 될 수 있지. 우리가 오직 서로 사랑하고 좋아한다면 말이지."

말 그대로의 진정한 의미로서, 지금 깊은 경의로 가득 찬 그의 시선이 한참 동안 나에게 머문다. 뭔가 새로운 것이 생겨났다. 다시 생겼다. 보드라운, 아이 같이 천진한 믿음이.

그가 조심스럽게 주저하면서 단어 하나하나 뜸을 들이며 천천히 내게 묻는다. "그러면…… 당신은…… 저를…… 그렇게……." 내가 이 말의 뒤를 잇는다. "매우 좋아한다, 토마스."

그러자 그가 용기 있게 제 손을 내 손 위에 놓는다. 그리고 나에게는 이제 그가 사다리판 위 높은 곳에서 세상을 바라볼 수 있게 된 것 같아 보인다. 모든 것은 시간이 필요하다. 숨을 들이쉬고 내쉬는 것처럼, 인상을 받고 인상을 표현하는 것처럼.

우리는 많은 시간을 흘려보냈다. 그리고 동물원의 정원을 오랫동안 어슬렁거렸다. (동물) 쓰다듬기 체험은 그에게 매우 긍정적인 주고받기의 경험이 되었다. 그는 동물들을 쓰다듬었고 동물들은 그의 손을 핥으며 고마움을 표했다. 몸과 영혼의 접촉을 느낀다.

모든 것은 다만 미세하고 작은 것들이다. 볼 수 없고, 느낄 수 없고, 들을 수 없는 것들이라고 말할 수 있다. 그러나 이 작은 순간들이 매우 근본적인 의미들이라서 물리학자의 언어로 표현한다면 영혼의 양자비약(여러 단계를 뛰어넘는 양자상태의 발전: 역주)과 같은 것이라고 말할 수 있다.

독자 여러분, 이 실제 이야기는 저속촬영으로 쓰였다는 걸 잊지 마세요.

동물원을 방문한 이후 상담보다는 토마스에게 동기부여와 활력을 주는 자연 활동으로 변경했다. 그리고 그것이 토마스에게 다시 많은 발전을 가져다 주었다. 동물원에 방문한 어느 날 사육사로 보이는 한 젊은 남자가 짐을 등에 지고, 다른 짐은 손수레로 밀면서 우리 옆을 지나가고 있었다. 나는 즉흥적으로 토마스에게 말했다.

"가서 물어보렴. 네가 도와드리면 좋겠는지."

극복을 위해서는 얼마만큼의 비용이 필요하다. 혼자서 다른 사람에게 말을 거는 것은 토마스에게는 아주 큰일이다. 그러나 그는 그것을 한다. 그리고 친절한 반응이 되돌아왔을 때 얼굴 가득 미소가 번진다.

"나를 돕겠다는 거지? 정말 친절하구나."

그가 토마스에게 (악수의) 손을 건넨다.

"나는 만프레드야. 너는?"

"저는 토마스예요."

"그래, 토마스. 그럼 이 손수레를 좀 밀어주렴. 우리는 원숭이 집으로 가야 한단다. 거기에서는 항상 많은 일이 벌어지지."

무거운 짐을 옮기며 원숭이 사육장으로 걸어갈 때 지금 먼 세계에서 아주 결정적인 도움이 토마스에게 다가왔다는 것이 분명해졌다. 이 순간 내게는 이 만남에서 발달이 일어날 거라는 생각이 확연히 밀려왔다. 그렇게 해서 토마스는 매일같이 동물원에 간다. 미소를 지으며 "제 친구 만프레드를 돕기 위해 동물원에 가요."라고 말한다.

몇 달이 지나고 어느 날 토마스가 나를 찾아왔다. 벨이 울리고 우리는 마주 선다. 바로 말이 터져 나온다.

"멋진 일이 일어났어요, 선생님. 제 친구 만프레드가 자리가 하나 났는데 동물사육사 수습생 자리에 취업할 생각이 있는지 물었어요. 생각해 보세요. 제 친구 만프레드가 저한테 물었다니까요."

"축하해, 토마스. 그래서 너는 뭐라고 대답했니?"

"아무 말도 못 했어요. 저는 그저 고개를 숙였고 기쁨에 차서 울었어요. 그도 이해했어요. 그리고 이미 다음 주부터 시작하기로 했어요. 제대로 계약서도 쓴대요."

"토마스." 나는 그저 그 말밖에는 할 수가 없다. 그리고 그의 두 손을 잡는다. 그가 나를 빛나는 눈으로 바라본다.

"선생님이 저와 함께 기뻐하는 것을 보게 되다니요!"

"진짜 그래, 토마스. 그리고 그 많은 동물이 너와 얼마나 즐

겁게 생활할까?"

그러자 그가 생각에 잠겨 고개를 끄덕인다. "그래요. 하지만 아직 제가 동물들에 대해 많이 배워야 해요. 맞아요. 그들을 잘 이해해야 하니까 말이죠. 만프레드가 저를 도와줄 거예요."

그가 돌아갈 때 나는 오랫동안 그를 바라본다. 그리고 생각한다. 이것은 오류와 혼돈 뒤의 새로운 시작이라고……. 안식처가 없는, 사랑받지 못한 아이가 이제 이 세상에 안전한 자리를 발견한 것인가? 희망 없이는 작동하지 않는다. 그리고 나는 희망한다. 그것도 매우 많이. 그리고 동물의 세계는 사람과 좋은 관계를 맺기 위한 좋은 구름판으로 보인다. 기억에 남아 있던 아기 코끼리의 이야기에서 저 자신의 이야기를 거쳐 동물사육사가 되기까지 토마스의 동물원 체험의 연속성이 내게는 우리 삶에서 종종 발생하는 하나의 기적 같기만 하다.

3

어제는 지나갔어,
오늘은 모든 것이 괜찮아

■ 니나 이야기 ■
지워질 뻔한 아이

세 번째 이야기. 우리는 이것을 범죄라고 부를 수 있다. 그러나 대단한 탐정도 뛰어난 경찰견도 이 범죄를 파헤칠 수 없다. 살인이 없는 범죄이기 때문이다. 범죄의 흔적은 가장 깊은 암흑에 묻혀 있기 때문이다. 먼저 니나가 하는 이야기를 들어 보자.

니나는 열여덟 살이다. 처음 만나면 눈을 뗄 수 없을 정도로 아름다운 소녀. 그녀를 묘사하기 위해서 '자태'라는 단어를 선택하겠다. 높은 이마와 슬프지만 동시에 빛나는 진청색 눈동자, 깎은 듯 반듯한 코와 잔잔하고 아름다운 입, 하나로 묶은 풍성한 금발은 축복을 한껏 받은 창조물로 어느 것 하나 곱지 않은 것이 없다. 니나에게서 내가 받은 첫인상은 다음과 같다. "여기 인내하여 삶을 아주 진지하게 견뎌 온 한 사람이 있다."

니나가 시작한다. "저는 방금 산부인과를 다녀왔어요."

나는 그녀와 대화를 이어간다. "왜 산부인과를 갔지?"

니나가 대답한다. "3년 전부터 생리가 없었어요. 호르몬 주사를 맞았는데 이것들은 아주 잠깐 도움이 되었을 뿐이에요. 그래서 다른 의사에게 갔어요."

"그가 뭐라고 말했지, 니나?"

작은 한숨이 새어 나온다.

"의사가 말했어요. 가장 좋은 방법이라면 좋은 성(性)이 도움이 될 거라고……."

그녀가 말을 더듬는다. 머뭇거리며 말을 이었다.

"그리고 그 사람이……. 아, 아……." 화가 나서 말한다.

"어차피 다시는 가지 않을 거예요."

나는 그저 말없이 고개를 약간 끄덕일 뿐이다. 그리고 생리가 중단되기 전 그녀에게 아프거나 놀랄 만한 체험이 있었는지 물었다. "아니요."라고 대답했다. 나는 다시 질문했다.

"다른 신체 증상들은 더 없니?"

그녀는 오래 생각할 필요가 없는 듯 대답했다.

"네. 제가 아주 심한 소화장애가 있어요. 평생 계속되었어요.

그래서 처방용 자두와 아마 씨만 먹어요. 소화가 잘 되는 음식들이죠. 그래도 계속 불편하면 많은 양의 물로 대장을 씻어 내는 수분 치료를 받아요." 그녀는 난처한 표정을 짓는다.

"여러 병원에 가 봤지만 어디서도 치료가 안 되었죠."

나는 그녀의 가슴 횡격막 위에 손을 얹는다.

"호흡이 매우 얕구나. 거의 움직임이 없어."

"네." 그녀가 바로 내 말을 잇는다. "가끔씩 내가 더 이상 숨을 전혀 쉬지 않는다는 느낌이 들 때가 있어요. 그래서 종종 제대로 숨 쉬도록 스스로 강요할 때도 있어요."

잠깐 말이 멈춘다. 그 후, 내가 매우 느리게 말한다.

"꽉 붙잡아, 니나. 꽉 붙잡아야만 해, 소화하기, 숨쉬기."

그러자 순간적으로 그녀에게서 지금 자신에게 속한 모든 것들을 목록화해서 '꽉 붙잡아야만 한다.'는 생각이 침투한다. 끝없이 긴 목록을 떠올렸는지 깊은 한숨을 쉰다. 얼마나 힘이 들지……. 그런 다음 어색한 미소를 짓는다.

"제 강박이에요."

"강박이구나. 무의식적 강박은 무의식적 불안을 극복하기 위한 거야."

내가 덧붙인다.

나는 서랍에 있는 아주 가느다란 금팔찌가 갑자기 생각났다. 나는 그것을 그녀의 손목에 걸어 준다. 놀란 듯이 나를 바라본다.

"이제 이것도 니나에게 속하게 될 작은 선물이야. 너에겐 이걸 목록화하지 않을 힘이 있어. 그러면 고통스러운 강박을 중단할 수 있을 거야. 할 수 있어. 한번 기다려 보면서 몇 주 후에 이것에 대해서 말해 주렴."

갑자기 빛나는 표정과 재빠른 동작으로 팔찌를 만져 본다. "아주 값비싼 선물이네요. 고맙습니다." 긍정적인 의지가 담긴 마무리가 뒤따른다.

"내려놓을 때마다 더 많은 자유가 생겨요. 저에게 주신 과제를 저는……." 주먹을 동그랗게 쥐어 보인다. "해낼 거예요." 이렇게 말하며 내게 악수의 손을 내민다.

잠깐의 침묵 후, "니나, 우리는 지금, 이 고통스러운 강박악마에 대한 경로를 탐색하는 데 벌써 성공적인 것 같구나. 근데 이런 걸 느낌으로 아는 건가? 아니면 생각으로 아는 거니? 아니면 반응은 어딘가 딴 곳에 있는 걸까?"

또 빠른 대답이 나온다. "저는 아침 9시에 사무실에 있는 것이 좋아요. 집을 나서지 않으면 다가올 멋진 일들을 잃어버린 게 되죠. 집에만 있으면 저는 아파트 안에 못에 걸린 것처럼 늘어져 있어요. 아무도 저를 그런 고립에서 불러내 주지 않을 거라는 걸 저 스스로 잘 알아요. 그래서 스스로 직접 해야 합니다."

그녀의 얼굴에 절망의 어둠이 드리운다. 그러나 아주 잠깐 그러고는 깊은 인식이 뒤따른다. "안에 머물기와 밖으로 나가기, 밖으로 나가기와 안에 머물기, 그 안에 이 꽉 붙잡기악마가 앉아 있어요."

그녀는 두 손을 얼굴 위에 얹는다. 그리고 점점 더욱 큰 소리로 말한다.

"내가 어떻게 그것을 바꿀 수 있나요? 어떻게, 어떻게, 어떻게, 어떻게?"

아, 나는 이제 교육학이나 아니면 보육학적으로 생각하지 말자. 모든 것에는 시간이 필요하다. 내가 니나에게 묻는다.

"아, 니나. 우리 둘을 위해 뭘 해 보면 좋을까? 코코아나 차, 아니면 커피 한 잔?"

"지금은 진한 커피 한 잔이 아주 좋을 것 같아요."

그럴 것 같다. 그녀는 크게 기뻐하며 이 뜨거운 음료를 홀짝

들이마신다. 그리고는 깊은 한숨을 쉰다. "커피는 종종 제 편두통에 효과가 좋아요."

"니나, 편두통이 있었구나?"

"아주 지독해요. 그리고 자주 구토까지 일으키죠. 그러면 저는 시체처럼 제 침대 위에 누워 있어요. 그리고 어떤 것도 할 수 없어요."

그녀는 이런 증상 때문에 의사에게도 갔었다. 머리에 엑스레이를 찍었는데 거기에 뇌하수체 종양이 있는 것 같다고 했다. 그 자리에서 그녀는 그냥 달아나 버렸다. 그리고 다른 병원에 있는 글레텐베르크 교수에게 갔는데 교수가 모든 것을 살펴보고 그녀에게 말했다.

"사람들이 당신에게 말한 것은 모두 잊으세요. 당신은 그저 태어날 때부터 머리에 비대한 터키안장(sella turcica)을 갖고 있어요. 그리고 이것과 함께 백 살까지 살 수 있을 것입니다."

내가 그녀의 손을 잡는다. "뛰어난 의사를 만나서 정말 다행이야."

'맙소사.'

내게 생각이 미친다. '도대체 여기 어디에 삶의 질이 존재하는가?' 벌써 여섯 개의 심각한 증상들이 있다. 이 증상들은 죽을 때까지 지속될 수도 있다.

이런 상태가 계속되지 않기를 희망해 보지만 그녀는 자신의 나쁜 불안에 대해서도 부가하여 설명해 주었다. 거기에 무력감까지 느낀다고 한다. 그렇다. 벌써 몇 번이라도 무력감을 느꼈을 것이 당연하다.

내 안의 음성이 내게 말한다. 충분해. 충분해. 충분해! 내 안에서 강한 결심이 일어난다. 나는 할 수 있는 한 먼저 이 증상의 원인에 접근해야 한다. 다른 모든 것은 분명 아무 의미가 없다. 이 증상 흐름의 근원이 어디에 있는지 한 번은 이해할 수 있어야 한다. 그래야 뭔가 도움을 줄 수 있을 것이다. 나는 니나에게 잠시만 시간을 달라고 요청한다. 내가 첫 번째로 무엇을 해야 하는지 곰곰이 탐색해 보기 위해 혼자만의 생각에 잠긴다. 내 정신적 나침반이 빠졌음을 느낀다. 가장 먼저 '강박적으로 붙잡기' 증상이 눈에 띈다. 거기에서 무슨 일이 있었던 걸까? 모든 것을 붙잡아야 했을 것이다. 숨쉬기, 소화하기, 목록에 있는 모든 소유물들을 강박적으로 붙잡아야 했을 것이다. 이러면 집에서 (밖으로) 나가기도 정말 힘들었을 것이고 오직 붙잡고 또 붙잡아야 했을 것이다. 그 속에 엄청난 불안이 숨어 있다.

그런데 이것은 어디에서 시작된 일일까?

  고아원 생활을 했었는지…… 아니면…… 그것도 아니면, '붙잡기(증상)'는 어떤 이유에도 들어맞지 않는다. 편두통, 그 뇌경련의 경향은 어디서 온 것일까? 편두통은 니나에게는 외상적 불안을 의식으로부터 차단하기 위한 억압의 기제가 아닐까? 이것은 무력감 경향성에도 적용될 수 있다. 뇌는 올라오는 강력한 불안을 느끼고 자신을 완벽하게 '아웃(차단)'하는 것을 통해 구제한다. 나의 이런 생각은 의미가 있다. 하지만 설명으로는 충분하지 않다.

  그리고 완벽한 월경 중단은 어떤 이유 때문일까? 모든 것이 대체 언제 시작된 것인가? 그렇다. 이 문장이 말하는 것과 같다. '모든 것은 처음에 시작되었다.' 그리고 언제가 호르몬 생성의 시기인가?
  태아기의 삼분의 이.
  바로 여기 이 지점에 나쁜 증상들을 만들어 낸 시작과 원인을 찾아내기 위해 나는 경찰견을 배치하려 한다. 나는 니나에게 돌아간다.

"니나." 내가 묻는다. "생의 최초기, 태어났을 때에 대해서 뭔가 알고 있는 게 있니?" 그녀는 놀라서 나를 본다.

"뭘 말씀하시는 건가요?"

"혹시 어머니한테 출산 과정에 대해서 들은 게 없어? 분만 시간이 얼마나 걸렸는지, 난산이었는지, 아니면 뭐 다른 거라도?"

"아니요, 잘 몰라요." 그녀가 곧바로 말한다.

"엄마는 과거에 대해서는 말하지 않으려 해요. 지난 시절에 대한 이야기만 나와도 아주 강하게 거부하세요. 그러면 우리도 더 이상 물어보지 않아요."

"그럼, 좋아, 니나. 그러면 내가 한번 시도해 볼게. 나를 믿어 봐. 아마 잘 진행될 거야." 그렇게 우리는 작별을 했다.

일주일 후 나는 니나의 어머니와 마주 앉아 있다. 누가 보아도 딸과 아주 많이 닮았다. 내게 처음 던져진 질문은 아주 분명하고 논리적이다.

"그러니까, 선생님 말씀대로라면 니나를 돕기 위해 저에게 연락하셨군요. 제가 어떤 도움을 드릴 수 있을까요?"

"아주 많이 도우실 수 있습니다. 저의 두 가지 질문에 답해 주신다면요……."

거부하듯이 그녀는 손을 들어 흔든다. "하지만 제발, 과거에 대해서는 어떤 질문도 하지 마세요."

그녀는 그 이상 거기에 대해 말하지 않는다. 극도로 완고해 보인다.

"그런데 죄송합니다만, 두 개의 질문은 과거와 관련된 것입니다. 이렇게 하시죠. 저는 질문을 드리겠습니다. 그러나 대답을 하실 필요는 없습니다."

"이건 대체 뭐죠?" 그녀가 놀라 묻는다. "제가 대답을 하지 않으면 당신은 아무것도 시작할 수 없잖아요! 아니면 제가 잘못 이해한 건가요?"

"아닙니다. 그것도 그냥 제게 맡기세요. 자, 이제 제가 과거에 관한 질문을 하나 할 겁니다. 그런데 제게 어떤 대답도 할 필요가 없어요."

그녀는 놀랍다는 듯 의자 뒤로 기댄다.

"대답을 기대하지 않는 질문이라고요? 재밌네요."

나는 반응하지 않고 바로 본론으로 들어간다. "어머니, 니나는 호르몬 장애가 분명합니다. 호르몬 발달은 태아기의 70% 성장 지점에서 시작되죠. 이 시기에 뭔가 나쁜 일이 니나에게 일어났던 것 같습니다." 나는 용감하고 힘 있는 목소리로 묻기 위해 잠시 기다린다.

"혹시 이 시기에 니나를 낙태하려는 시도가 있었나요?"

니나에게 진실을 알리고 아픈 증상들을 진료하기 위해서는 절대 다른 길이 없다는 의식을 갖고 목적이 분명한 공격을 했다.

어머니는 눈물을 흘릴 것이다. 그렇게 나는 생각했다. 니나 어머니의 얼굴이 실룩거린다. 그러나 뜻밖에도 그녀는 곧 미소를 짓는다. 얼마나 연약한 미소인지, 어떤 고통에서 그런 미소가 나오는지 난 설명할 수 없다. 그리고 그녀는 고통에 굴복한다. 손을 이마로 가져가더니 머리가 탁자 표면으로 떨어진다. 마치 바닥으로 공이 떨어지는 것 같다.

이것은 (내 질문에 대한) 분명하고 고통스러운 대답과 같다. '네.'라는.

그러나 이제 어떻게 이 여인을 도와줄 것인가?

지금은 아무것도 하지 않는 것이 가장 잘하는 것이다.

침묵.

그런데 그 후 저절로 모든 것이 중화되었다. 미소를 띠고 내게 돌아서서 그녀가 "제가 선생님께 커피 한 잔을 대접해도 될까요?"

"아, 네!" 내가 바로 답한다. 그리고 또한 어느 정도 안심이 된다.

위협적인 과거가 현실로 밀고 들어오는 것을 막아 내는 이 여인의 능력이 놀랍고 신기할 뿐이다. 어떻게 이렇게 잘 적응할 수 있을까.

나에게는 니나의 출산 과정을 아는 것이 중요한 것 같다. 그러나 시간이 지나 이 질문을 한 나를 용서하지 못할 수도 있을 것이다. 어두운 과거 앞에 설치된 차단기를 억지로 열어 버린 격이 될지도 모른다.

그렇게 우리는 침묵하면서 나란히 앉아 있다. 뭘 위해 말한단 말인가? 말할 필요도 없다. 어차피 나는 그것을 얻지도 못할 테니 말이다. 나는 어쨌든 그녀에게 동시에 손을 내민다. 그녀는 내적 저항 없이 내 손을 잡는다. 그렇게 우리는 헤어진다. 그리고 우리의 작별은 내겐 가교가 되어 줄 어떤 기회도 없어 보인다. 다만 건너가고 건너오는 것이 가능할지 모르겠다.

이제 니나의 모든 증상의 원인은 그녀의 출생 속으로 되돌아간다.

파라다이스에서의 추방(낙태).

호르몬 장애, 편두통, 무기력성, 깊은 불안감, 그리고 붙잡기, 붙잡고 또 붙잡기, 그래서 소화, 숨쉬기, 집을 나오기 힘든 점 등 그녀에게 속한 모든 것이 그 긴 목록 위에 강박적으로 붙잡혀 있다. 불안은 그녀와 늘 함께하는 동반자이다.

이 책에서 계속 이야기하는 '현재란 무엇인가'에 관해 돌아보자. 그것은 긍정적이든 부정적이든 항상 과거의 반향이다.

태아기에 대해 이야기하는 이유는 이 시간이 생명, 고도의 지적인 생명이기 때문이다. 9개월의 결정적 시기의 거의 모든 사건은 지울 수 없는 흔적을 남기며, 경우에 따라 질병과 신경증의 기초가 이미 여기에 놓일 수 있다.

인생 전체에서 삶의 시스템이 가장 취약한 자궁 안의 9개월은 아동기의 시간보다 더 결정적일 수 있다. 그래서 외상의 영향이 어느 때보다 크다. 임신 12주가 지나면 태아의 신경 시스템은 완전히 발달되고 외상에 반응할 수 있으며 이를 부호화하고 입력한다. 이 능력이 뜻하는 건 각인은 태아의 서사 속에 매우 일찍 시작되고 모든 시스템에, 특히 생의 첫 몇 달 안에 시작되는 조직들에 영향을 줄 수 있다.

니나를 생각해 보자. 니나는 생리가 중단되었다. 이 심각한 호르몬 장애가 저절로 또는 호르몬 주사로 다시 조절될 것인지 희망을 품기가 힘들다. 어쩌면 평생 아이를 갖지 못할 수 있다는 의미이다.

계속 니나에게 주목해 보자. 니나는 아무것도 할 수 없는 아주 이른 시절에 자신을 말살하고자 하는 적대적인 힘에 대항할 수도, 구조될 가능성도 없이 자신을 지탱했다. 즉, 거대한 절망과 함께하는 서바이벌 전투를 겪었다. 그러기에 어떤 식으로 보아도 니나에게 삶에 대한 전략은 붙잡기, 붙잡고 또 붙잡기에 관한 것이다.

이 절망이 어떤 차원들 속에서 첨예화되는지 지성의 능력으로는 이해할 수 없다. 초시대적 규범을 따르는, 선천적 기억에 의한 태아기 여행 중에 갑자기 선장이 '나가!'라고 명령을 내린다면 당신은 어떤 타협도 없이 외부세계로 나가야만 한다. 그렇지 않으면 당신에게는 다시 죽음이 있을 뿐이다. 이런 혼란과 절망이 어디에 있단 말인가? 처음에는 생존하기 위해서 붙잡기를 했고 다음에는 정확히 반대로 '풀어준다.' 나가!

이 파국적 정서가 입력되었다. 그러나 빛(이성)을 받지 못했다. 왜냐하면 빛이 없으니까. 곧, 이것들은 억압되어야만 했고 무의식 속에 포위되었다. 우리의 시스템은 거대질서의 고통을 감내하도록 설계되지 않았다. 니나의 이야기는 실제로, 실제

범죄이다. 이 세계는 이런 범죄로 가득하다. 다만 어떤 이야기
도 다른 이야기와 비교될 수 없다.

　나나에게 도움을 줄 수 있을지, 그리고 어떤 방법으로 도움
을 줄 수 있을지 아직 모르겠다. 그리고 그녀가 지옥같던 생의
초기에서 불투명한 현재로 얼마나 많은 정신적 힘을 구조했는
지 나는 아직 잘 모른다. 진실을 언제쯤 전달하는 게 제일 좋을
지 모르겠다. 진실은 무언가 구축할 수도 있지만 파괴할 수도
있는 쓰디쓴 알약 같다. 그러나 한 가지는 확실하다. 우리 생의
여정은 진실과 함께 걸을 때 의미 있는 방향으로 간다.
　크리스티얀 모르겐슈타인의 말이 떠오른다. '진실을 찾는 사
람은 혼자 배회한다. 아무도 그에게 동반자일 수 없다.'
　그리고 또한 나는 안다. 내가 나나를 위해 행할 수 있는 것과
하려는 것을. 이제 깊은 원인을 알기 때문에, 나쁜 증상들의 근
원을 알기 때문에 그녀에게 책임감 높은 보조자가 될 수 있다.
　나는 그녀의 무의식 속에 억압되고 입력된 위험한 정서를 안
다. 그것은 다이너마이트 같다. 그래서 불쏘시개를 갖고 놀아
서는 안 된다. 독일의 시인 휠더린(Höelderlin)은 '위험이 있는
곳에 또한 구원이 생긴다.'고 말했다. 진실에 대한 인식이 이 작

업의 구원자가 될 것임을 나는 확신한다. 니나가 어머니로부터 독립하는 것이 좋을 것 같다. 자신을 위한 집과 원하는 직업을 갖는 것이다. 그녀는 현재 중견 기업의 디자이너로 일한다.

잔뜩 불안한 음성으로 니나는 전화를 걸어 왔다. 그리고 지금 내 앞에 앉아 있다. 나는 마비된 듯한 부동감을 느끼며 니나에게 대화의 주도권을 맡긴다.

그녀는 즉시 그녀의 경직된 강박들에 관해 이야기하기 시작한다. 그러면서 손목에 걸려 있는 금팔찌를 보여 준다. "제가 이것까지 목록화했어요. 그리고 저는 이것 또는 저것을 해야만 하는 명령들의 줄에 완전히 칭칭 감긴 것 같은 느낌이 들어요."

내가 계속해서 수동적인 자세를 고집하자 그녀는 뒤로 몸을 기댄다. 나는 뭔가 파헤치는 그녀의 시선을 피하지 않는다. 그리고 그녀는 내게 용감하게 핵심 질문을 던진다.

"저희 엄마한테서 무엇을 알게 되셨나요?"

내가 바로 대답하지 않자 그녀는 질문을 고친다.

"도대체 엄마와 이야기를 하실 수는 있으셨나요? 과거에 관해서 등등 말이에요."

나는 계속 탐색한다.

"니나, 너는 생리가 멈췄어. 그건 호르몬 장애야. 호르몬 장애는 태아기 때 시작되는데 이 시기에 뭔가 나쁜 일이 너에게 일어났던 거야."

니나는 묻는다. "뭐라고요? 무엇이 제게 일어났다고요?"

여기서 회피한다면 용서받지 못할 것이다.

"니나……." 내가 한동안 말을 잇기를 주저할 때 그녀가 반복한다.

"무슨 일이 내게 일어났었나요?"

나는 마비된 느낌이다. 좋은 의도라지만 이런 소식을 나는 전달할 수 없을 것 같다. 그녀는 나를 압박하듯이 바라본다. 그다음 진실을 표현하는 것은 바로 그녀이다. 천천히, 한 단어씩 찾아내듯이 그리고 내가 거의 알아들을 수 없을 만큼 매우 나지막이,

"예감하고 있었어요. 오랫동안 그럴 거라 생각했어요. 엄마는 나를 원하지 않았죠. 그리고 시도했을 거예요." 이제 그녀의 음성은 놀랄 만큼 차가워졌다.

"엄마가 나를 낙태시키려 했어요, 맞지요?"

"그래, 니나."

얼굴에 반응이 없다. 표정도 없다. 오직 천천히 눈을 감을 뿐이다. 그리고 완벽한 응고. 마음까지 굳어진 것 같다.

깊은 샘 속에 돌멩이 한 개를 던지면 그것이 바닥까지 치는데에는 시간이 걸린다. 지금 니나가 그렇다. 그러나 그런 다음 감탄할 만한 반응이 나타난다. 오직 두 문장으로 이루어진.

"그래서, 어쩌라고요?" 다음, 더는 이어지는 말이 없다. 그리고 다시 한번 반복된다. "그래서, 어쩌라고요?"

이와 함께 한 묶음의 정서경악, 무력감, 불신, 그리고 삶의 진전까지가 표현되었다.

"그래서, 어쩌라고?" 내가 반복한다.

"그래, 지금 너는 시작부터 끝까지 너의 인생에 대해 알게 됐어. 우리는 오직 시작을 알 수 있을 때만 이야기를 이해할 수 있지. 그리고 니나, 이제 인생의 시작을 알았기 때문에 현재를 더 잘 이해할 수 있을 거야. 왜냐하면 현재는 지난 과거의 반향이니까."

그녀가 경이심에 차서 경청하고 있다는 것을 느꼈기 때문에 나는 그만큼 아주 오랫동안 이야기했다. 그녀의 눈은 크게 열려 있고 어떤 말도 중단시키지 않는다.

나는 계속한다. "니나, 너의 인생은 붙잡기, 생존하기 위해 붙잡기로 시작되었어. 그리고 이 빨간 줄은 네 전체 인생을 관통하고 있어."

그녀를 굳어버린 밀랍 상태에서 깨우기 위해 다시 묻는다.

"룸펠슈틸츠헨 동화를 아니?" …… 그녀가 고개를 끄덕인다.

"네가 나에게 이야기해 줄 수 있겠니?"

그러자 그녀가 매우 상세하게 그 동화를 이야기하기 시작한다.

"아기를 낳은 한 왕비가 있었어요. 나쁜 룸펠슈틸츠헨이 그녀에게 아기를 훔쳐가겠다고 협박했죠. 그런데 룸펠슈틸츠헨은 이런 말을 했어요. '오직 네가 내 이름을 알 때만 나는 네 아이를 데려가지 못한다.' 그리고 어느 저녁 룸펠슈틸츠헨은 노래를 부르며 춤을 추다가 아무도 못 들을 줄 알고 이렇게 말하죠. '내 이름이 룸펠슈틸츠헨이라는 걸 아무도 모르니 얼마나 즐거운가!' 왕비는 이 노래 소리를 듣습니다. 그리고 이제 그녀는 그의 이름을 알게 되었으므로 룸펠슈틸츠헨으로부터 그녀의 아기에 대한 힘을 빼앗아 버렸죠."

이제 우리 둘은 한동안 말없이 마주 보고 앉아 있다. 놀랍게도 그녀는 자신의 견해를 말했다.

"그 이름은……." 그녀는 두 손으로 얼굴을 감싸 쥔다.

"그 이름은 진실을 의미하죠. 진실을 알 때만 사람은 더 이상 마법에 걸리지 않을 수 있다는 거예요."

나는 그녀의 이해력과 통찰에 감동했다. 이제 다시 그녀의 생애사의 시작을 진실과 연결시키는 것은 완전히 불필요하다. 그녀는 이미 오래전에 이해했다. 그럼에도 불구하고 한참을 깊은 슬픔 속에 있다.

"엄마는 저를 원하지 않았다고요!"

이제 그녀에게 도움을 줄 순간이 왔다. 그녀가 정서를 표현할 수 있도록, 과거에 그녀에게 인상을 남긴 것이 표현될 수 있도록. 내가 그녀에게 속삭인다.

"니나, 엄마에게 모든 것을 말해." 니나가 주저하자, 내가 묻는다.

"너는 어머니를 어떻게 부르니?"

작은 목소리가 나온다. "마마."

그런 다음, 깊은 울음을 토해내느라 잠시 그녀는 침묵한다.

"마마, 마마, 마마가 왜 나에게 그런 짓을 했어?!" 분노와 슬픔과 절망이 뒤섞여 있다. 이 얼마나 깊은, 그토록 오랫동안 가둬 둔 고통의 표현이란 말인가? 눈물 줄기가 끝이 없다. 나는 그녀에게 한 장 또 한 장 계속해서 휴지를 건넨다. 눈물 속에 스트레스 호르몬이 들어 있다는 생각이 여기 지금 뚫고 나온 고통을 공감하고 있는 나를 위로한다.

때때로 나 또한 생각해야 한다. 그녀가 모든 것을 지금 실제로 다시 한번 재경험해야 하는가? 이 모든 고통, 이 미친 욕구, 굴복에의 두려움, 이 모든 죽음의 공포를 재경험하지 않고 도망치는 것이 더 현명한 것이 아닐까?

알코올, 마약, 담배, 의미 없는 섹스 등 또 다른 큰 위험들이 잠복해 있다. 방어되고 억압되어야만 하니까……. 정서는 동시에 얼어붙는다. 누구도 그런 고통과 함께 살 수는 없다. 점차 정신적 동결상태로 기후변화를 가져올 것이다. 그리고 그녀가 집안에서 과도한 붙잡기를 해지하지 못한다면 그녀는 대인관계 결핍과 고독으로 점점 더 빈약해지는 환경 속에 빠지게 될 것이다. 괴테는 바로 이것을 알고 있었다.

'눈물이 흐른다, 대지가 다시 나를 품는다.'

감정과 고통의 바다에서 다시 떠오르면 이성의 도움을 받게 된다. 이성은 이제 깊은 무의식에서 수면으로 떠오른 모든 것을 정리해야만 한다. 무엇보다 모든 느껴진 것들이 더는 현재와 관련 있는 것이 아니라는 것을 이해해야 한다. 모든 것은 지나간 것이고 그리고 점차 사라져야 한다.

내게는 풀리지 않은 질문이 남아 있다. 어떻게 자연은 그렇게 일찍 입력된, 각인된 외상이 그 강도로 한평생 유지되게 하는지, 왜 그래야만 하는지 말이다. 그러나 그것은 원래 그렇다. 자연의 법칙을 사람은 깰 수 없다. 우리는 그것을 집중하고 주의하면서 인식해야 한다. 인생은 출산보다 앞선 잉태되는 순간부터 시작되며 진정한 사랑이 삶의 배경이 될 때 좋은 발달이 될 수 있다.

그런데 니나는 그렇게 되지 못했다. 그녀는 느끼고 있었으며, 그녀의 아동기가 얼마나 사랑이 없었는지 알게 되었다. 극적인 사건은 없었다. 절대로 얻어맞은 적은 없다. 그러나 위안 없이 공허했다. 그녀는 아버지한테도 지지를 얻지 못했다. 그는 그녀가 세 살이었을 때 오랜 병환 끝에 돌아가셨다.

니나는 용감하다. 포기하지 않는다. 가장 나쁜 '파국 정서'의 파도가 그녀의 머리를 강타하며 위협할지라도 그녀는 현실을 직시하고 비현실적 세계로 들어서지는 않는다. '파국 정서'란 무엇인가? 그것은 한낱 한 단어일 뿐이다. 그러나 그 아래 얼마나 많은 것이 숨어 있었을까!

한번은 이런 일이 있었다. 그녀가 천둥같이 현관문을 두들겼다. 옷을 제대로 갖춰 입지 않았고 마치 짙은 서리에라도 얼어

붙은 듯 입은 아주 힘들게 열렸다. 주말이었다. 즉, 그녀는 혼자였다.

그녀의 모습에 내가 놀랐다. "무슨 일이니, 니나?"

나는 그녀를 가능한 한 빨리 소파로 데리고 갔다.

그녀는 주저앉는다. 그리고 간헐적으로 말을 뱉는다.

"제가 쓰러져 죽을 것 같은 그 순간에 제 집에 엄청 심한 진동이 일어났어요."

그녀는 완전히 정신이 나간 듯 나를 바라본다.

"네, 제 집이 흔들렸어요. 그, 그, 그리고 그래서 저는……."
그녀가 내 손을 잡는다. "이런, 이런."

가장 근원적인 죽음의 공포가 (무의식에서) 의식에의 방어벽을 깨버렸다는 것이 분명하다. 게다가 이것들이 지진으로 투사된 것이다.

내가 신체적인 측면에 안전감을 주기 위해 그녀의 맥박을 잰다.

"니나, 맥박이 아주 조금 빨라졌을 뿐이야. 걱정 마. 너는 죽지 않아. 죽음과 지진은 모두 지나간 (과거의) 감정들이야." 그리고 항상 그랬듯이 덧붙여서 말한다.

"오늘, 현재는 모든 것이 괜찮아."

그녀가 좀 평온해진 다음, 나는 그녀에게 공포 발작이 있기 전에 어떤 일이 일어났는지 가능한 한 자세하게 이야기해 달라고 했다.

니나가 말하기를, "아무것도 일어나지 않았어요. 아무것도 아니에요. 저는 오전 내내 혼자 집에 있었어요. 오늘은 주말이잖아요. 저는 회사에 갈 필요가 없었어요. 아무 이유 없이 집 밖을 나간다는 건 저에게 힘든 일이거든요. 너무 오랜 시간을 혼자 있다가 저는 어딘가로 나가기로 결심을 한 거죠. 바로 제가 출입문을 열려고 했을 때 문은 전날부터 잠겨 있었는데, 자물쇠에 열쇠가 꽂혀 있지 않았어요. 그때, 바로 그 순간에, 무시무시한 죽음의 공포가 제 안에서 치솟았어요. 제가 곧바로 열쇠를 손에 쥐게 되었는데도 말이죠. 열쇠는 바로 출입문 옆 탁자 위에 놓여 있었거든요. 그리고 그런 다음 제 집이 흔들렸어요. 그랬어요!"

그녀가 소리친다. "집이 흔들렸어요!"

그녀는 털썩 주저앉는다. 어떤 방어도 없이 둥지 속으로 쓰러진 듯하다. 이성의 힘이 소진된 듯 바닥으로 떨어진다. 나는 그녀의 손을 잡는다. 그리고 묵묵히 그녀의 곁을 지킨다. 마침내 이제 그녀의 이성이 다시 힘을 얻은 것 같다. 그녀가 '미쳤다'라고 불릴 만한 이런 심각한 공포 발작을 체험한 것은 이번이 처음이 아니다.

그리고 이런 고통스러운 폭발 이후 깊숙한 원인과 연결을 해볼 수 있었던 것도 처음은 아니다. 그리고 오늘 이것은 또한 마지막이 아닐 것이며 마지막에서 두 번째도 아닐 것이다. 이것은 인생 초기부터 있어 온 드라마이다.

니나는 '자기 집을 붙잡는 것'에 집착했었고, 그다음에는 그 감옥에서 뛰쳐나오려고 했을 때, 그 안에 폐쇄되는 공황 발작에 휩싸였다. 그녀의 이모는 그녀가 매우 길고 긴 난산 끝에 태어났다고 말해 줬다.

놀랄 일은 아니다. 처음에는 모태에 남기 위해 절망적으로 싸우고 그다음 5개월 또는 6개월은 모태에 남지 않기 위해서 절망적으로 전투한다. 자연의 법칙이 기록하는 인생 대차대조표에는 지울 수 없는 먹물로 모든 것이 상세하게 적혀 있다. 빠진 곳 없이 자신의 인생을 알게 된 후 니나는 오히려 미소를 지을 수 있게 됐다. 이 고통을 함께 하면서 나는 분노 속에서 생각해야만 했다. 겨우 사람이 되었는데 어떻게 그 연약한 인생에게 그런 짓을 할 수 있단 말인가.

나쁜 과거의 그늘은 이해력을 동반한 이성의 빛으로 몰아낼 수 있다. 오직 자기 인생의 총보, 곧 그의 영혼 속에 깊숙이 운명을 써 놓은 그 악보를 아는 사람만이 자기 자신을 위한 훌륭한 지휘자가 될 수 있다.

　니나와 같은 삶의 이야기가 바로 이 질문에 더 납득할 수 있게 답하지 않을까? '현재란 무엇인가?'

　모든 것이 다시 다 잘 되었을까? 삶을 다시 시작할 수 있는 치유가 니나에게 일어났을까? 아니다. 치유는 4년이 지난 이후에도 주어지지 않았다. 많은 것이 좋아졌지만 치유는 아니다. 나는 이 깊은 외상화가 절대 해결될 수 있을 것이라 믿지 않는다. 그럼 어디에 도달하였는가? 깊숙한 의미의 '너 자신을 알라.'에 도달했다. 니나는 개별 증상들을 만날 때마다 이것들을 포괄하는 연관성을 이해하고 결론지을 수 있는 상태가 되었다. 그녀는 곧, 현재의 불안과 행동 문제를 위태로운 재경험을 통해서 분명하게 원인과 결부지을 수 있게 된 것이다. 이와 함께 이성은 그녀에게 항상 반복적으로 진실을 전수한다. '모든 것은 과거야. 어제의 눈이다.' 니나는 그렇게 다른 의식을 발달시켰다.

　그러면 의식은 무엇인가? 말하기 힘들다. 왜냐하면, 한 요소가 전체를 일반화할 수 없으며 전체가 또한 많은 요인을 기술할 수 없기 때문이다. 여기서 내가 기꺼이 다시 한번 지휘자의 풍경을 불러 도움을 받는다. 악보에 대한 지식 없이, 그리고 그 개개의 것들이 어떻게 서로 연결되어 있는지 모르면서, 지휘자가 음악작품의 구성을 납득할 만한 울림이 되게 만들 수는 없을 것이다. 그가 작곡가의 의미에서, 창조자의 의미에서 악보에 생명을 불어넣을 수는 없을 것이다.

그렇다면 니나는 거의 4년 동안의 심리치료로 무엇을 해결했을까? 니나는 강박행동으로 고생했다. 그녀는 자신에게 속한 모든 것을 긴 목록으로 만들어 붙잡고 있어야 했다. 고통의 압박에 묶인 의미 없는 행위들이었다. 강박행동은 항상 고통을 가하는 불안에서 해방되고자 하는 무의식적인 시도이다. 이 강박행동으로부터 그녀는 자유로워졌다. 편두통과 무기력 증상 또한 사라졌다. 니나에게 편두통(뇌혈관 경련 경향성)은 나쁜 정서가 표면으로, 곧 의식으로 올라오려고 할 때 일어나는 부가적인 억압기제라고 나는 판단했다. 그때의 해결책은 '마비', 즉 심각한 불안 정서가 범람하지 않도록 차단하는 것이다.

동일한 것이 무기력 발작에서도 기능한다. 뇌는 완전히 차단된다. 그래서 완전히 정신이 돌아버릴 위험과 나쁜 정서의 범람을 통해 가능한 모든 위기도 사라진다. 니나의 소화능력도 매우 개선되었다. 그래서 정기적인 수분 치료도 하지 않는다. 그리고 얕은 호흡도 호흡운동을 통해 개선 중에 있다. 그러나 생리는 돌아오지 않았다. 그리고 기본신뢰감(초기 모와 상호작용을 통해 형성됨: 역주)은 어떤가? 그녀가 이것을 언젠가 찾을 수 있을까?

그녀는 어머니로부터 홀로 방치되었다. 니나는 어머니와의 접촉을 원했다. 그녀의 나쁜 불안에 대해 이야기하고 싶어 했다. 어머니 옆에서 견디고 싶어 했다. 원래 그렇게 불안이 발생했던 것이지만. 예상했던 대로 어머니는 여기에 명백히 담을 쌓았다. 그녀는 고집스럽게 그녀가 시도한 낙태가 그런 불안을 생성시킬 수 있다는 생각을 거부했다. 그 대신 그녀는 오직 같을 말을 되풀이했다.

---

* 요하임 파울스티시(Joachim Faulstich)의 저서 『치유적 의식』에서: "그런데 특히 많은 사람이 믿고 있는 것은, 인간에게서 확인된 대략 35,000개의 유전자 중 많은 것이 건강이나 질병을 절대적으로 결정한다는 것이다. 그러나 유전자 대부분은 절대로 변화시킬 수 없는 그런 위력이 아니다. 외려 그것들은 의식적이거나 무의식적인 인간의 지각을 통해 통제된다. 모든 인간은 어느 정도 자기 유전자 체계의 주인이다. 그렇지만 동시에 자기 생애에서 만나는 주어진 조건에 의해 좌우된다.

"모든 것이 다 오직 유전자가 하는 일이야. 오직 유전자의……."*

어머니와의 접촉은 완전히 중단되었다. 그러나 그것이 어떤 방식이었는지 아마 상상할 수 있을 것이다.

내려놓기 그리고 더 이상 붙잡지 않기, 이것을 그녀는 계속해서 반복적으로 연습해야 했다. 연습과 동시에 증상이 발생된 원천에 대해 통찰을 얻는 것도 연습했다. 결국 그녀는 나 또한 내려놓아야 했다. 그러나 이 모든 것을 우리는 아주 작은 과정 속에서 시도했다. 그리고 내게로 오는 문은 언제나 열려 있다는 절대적인 보장이 항상 있었다.

마침내 그녀가 (회기를 종결하고) 떠날 때 부른 노래의 마지막 구절이 떠올랐다.

"네 위에 많은 작은 천사들이 떠 있구나. 그중 하나만 그녀에게 보내!"

4

또 하나의 괴테

■ 비엔나에서 온 교수 이야기 ■

우도 발터, 토마스와 니나, 이 세 삶의 역사의 과정에 대해 기
술하고자 한 나의 동기는 결정적 중심테마를 발견하여 '현재란
무엇인가?'라는 질문의 관점에 보다 가까이 접근하고자 하는
것이다.

마지막으로 또 한 인물의 작은 역사를 살펴보자. 독일의 의미
있는 시인이자 모두가 이름을 아는 그 인물, 요한 볼프강 괴테.

나는 실트 섬에 있었다. 그리고 저녁에 비엔나에서 온 교수가
진행하는 괴테에 관한 강연에 갔다. 멋진 강연이었고 나는 감사
의 말을 건넸다. 그리고 거기에 다음과 같은 말을 덧붙였다.

"그런데 당신은 뭔가 의미 있는 것을 언급하지 않으셨어요."

"아, 대체 무엇이죠?"

나는 설명했다. "괴테는 우울증 환자였어요. 즉, 과도한 질병 망상 경향이 있었죠. 작은 불쾌감에도 과도한 반응을 나타냈죠. 그는 강한 애착불안이 있었어요. 죽음에 적응할 수 없었죠. 그는 임종 단계에 아내를 홀로 있게 했어요. 또 어머니의 장례식마저도 가지 않았죠."

교수는 받아들이지 않겠다는 듯 양손을 들어 올렸다.

"그런데 왜 그런 부정적인 면을 언급해야 하죠? 그와 반대로 많은 긍정적인 것이 존재하는데?"

내가 대답했다. "이것은 '긍정이냐 부정이냐'와는 아무런 관계가 없어요. 다만 그 이면에 무엇이 숨어 있는지 알아야만 하는 거죠."

교수는 물었다. "그래서, 대체 무엇을 알아야 하는 거죠?"

"괴테는 탯줄에 꼬여 새파랗게 되어 세상에 나왔어요. 그 뜻은 그것을 통해 깊은 죽음의 불안을 각인했다는 거죠."

내 말이 채 끝나기도 전에 그 교수가 말 그대로 내 목을 껴안았다. "이것은 분명 계시입니다! 오오! 내가 바로 같은 증상이에요. 나 또한 새파래져서 세상에 나왔으니까요!"

이 연관성을 그는 전적으로 모르고 있었던 것이다. 그런데 이제 이해할 수 있게 되었다. 그의 삶과 현재는 과거의 메아리(에코)라는 것을 말이다.

에필로그

이 책 안에 담겨진 상담을 상상할 수 있을 겁니다. 현재는 현재가 아닙니다. 지금 나의 정서는 현재의 사건 때문이 아니고, 오랜 시간을 거쳐 온 과거의 연장에서 비롯되었습니다. 조금 더 정확히 말하자면 외면하고, 왜곡하고, 감춰 둔, 치유되지 못한, 회복되고 싶은 바람일 수 있습니다.

궁극적으로 이 책에 소개된 사례들은 인간의 내적 성장 요소를 이야기합니다. 그것이 결핍되고 왜곡되었을 때, 그런데도 우리가 생존의 끈을 놓지 않고 버티며 살아온 결과가 어떻게 나타나는지, 우리 마음의 설명할 수 없는 근원적 깊은 두려움과 불안이 어떻게 형성되는지 보여 줍니다.

눈에 보이는 행동만을 가지고, 또는 우리가 증상이라고 부르는 것만을 가지고 그 사람과 삶을 이해할 수는 없습니다. 마음을 깊이 있게 들여다볼 수 있는 눈과 삶에 대한 통찰력이 없다면 절대 알 수 없습니다.

　이 책은 전문가의 눈을 빌려, 보이는 것만으로 오해되고 폄하되고 낙인 찍혀 고독 속에 방치된, 버림받은 사람들의 삶을 이해함과 동시에 치유의 길을 조명하고 있습니다. 개인의 선택과 의지와는 상관없이 불안, 우울, 다양한 아픔은 이미 오래전에 시작되었을 것입니다. 저 멀리 어쩌면 모태 안에 이미 그 기원을 두고 있을 수 있습니다. 그렇다면 건강한, 희망찬 미래가 가능할까요? 이 책 안에 해법이 담겨 있습니다.

　심리학을 공부하는 사람이라면 정신분석적 병리 이론을 쉽게 적용할 수 있는 방법과 상담자의 태도를 배울 수 있고, 마음에 관심이 많은 독자들이라면 나의 마음을 스스로 이해하는 좋은 계기가 될 것입니다.

　내담자를 치유하려는, 곧 변화시키고, 성장시키고자 하는 심리치료자의 참된 고뇌와 고통을, 그리고 그 깊이를 알고자 한다면 이 책을 권합니다. 내담자에게는 희망이 되고 치료자에게는 치료자의 전문가적 삶의 한 나침반이 될 것입니다.

오현숙

저자 소개

안네리제 우데-페스텔(Anneliese Ude-Pestel)

사립 상담센터를 운영하는 정신분석적 심리치료자이다. 수년 동안 미국 로스앤젤레스에 위치한 Arthur Janov의 초기치료연구소에서 일했다. 그녀의 책인 『놀이치료로 행복을 되찾은 아이, 베티』(학지사, 2005)는 이제 고전이 되었고 수많은 언어로 번역되었으며 TV에 방영되기도 하였다.

역자 소개

오현숙(Oh, Hyunsook)

독일 프랑크푸르트 대학교(J. W. Goethe University Frankfurt/M)에서 심리학 전공으로 학부, 석사, 박사과정을 마쳤다. 1999년에 동 대학교에서 임상 및 상담심리로 박사학위를 취득했다. 1999년부터 2001년까지 프랑크푸르트 대학병원 아동 및 청소년 정신병원에서 연구원으로 대규모 신경심리 연구와 심리평가 업무를 수행하였으며 귀국 후에는 2년여간 심리치료자 및 연구소장으로 활동하였다. 2010년도에는 세인트루이스의 워싱턴 대학교(Washington University in St. Louis)에서 교환교수로 있으면서 C. R. Cloninger의 행복심리치료(Well-being Psychotherapy; Coherence Therapy)를 연구하였다. 한국심리학회 및 한국임상심리학회 정회원이며 한국여성심리학회 및 한국문화및사회문제심리학회 회장직을 역임하였다. 2004년부터 한신대학교에서 교수로 재직 중이다.

[주요 저 · 역서]

대인관계 능력 및 리더십 향상을 위한 집단코칭(역, 학지사, 2019)

FACT-II 개인적응형 주의력 검사. 전문가 지침서(학지사, 2018)

놀이치료 · 아동심리치료로 행복을 되찾은 아메트(역, 학지사, 2014)

TCI, 기질 및 성격검사: 유아용, 아동용, 청소년용, 성인용(공저, 마음사랑, 2007)

놀이치료로 행복을 되찾은 아이, 베티(역, 학지사, 2005)

과거로 지어진 현재

Gegenwart, was ist das?: Therapeutische Skizzen

2021년 11월 10일 1판 1쇄 인쇄
2021년 11월 15일 1판 1쇄 발행

지은이 • 안네리제 우데-페스텔
옮긴이 • 오현숙
펴낸이 • 김진환
펴낸곳 • ㈜ **학지사**

　　　　04031 서울특별시 마포구 양화로 15길 20 마인드월드빌딩
대표전화 • 02-330-5114　　팩스 • 02-324-2345
등록번호 • 제313-2006-000265호

홈페이지 • http://www.hakjisa.co.kr
페이스북 • https://www.facebook.com/hakjisabook

ISBN 978-89-997-2532-6　03180

정가 7,900원

출판 · 교육 · 미디어기업 **학지사**

간호보건의학출판 **학지사메디컬** www.hakjisamd.co.kr
심리검사연구소 **인싸이트** www.inpsyt.co.kr
학술논문서비스 **뉴논문** www.newnonmun.com
교육연수원 **카운피아** www.counpia.com